: 들어가는 말

가족은 하나님께서 우리에게 주신 귀한 선물입니다. 가정은 마음을 쓰는 데 있어 그 어떤 공동체보다 우선되어야 하며, 우리의 마음을 다해 사랑할 수 있는 제1의 선교지가 되어야 합니다.

그러나 때로는 가족이 가장 무거운 십자가가 되어 우리의 삶을 짓누르기도 합니다. 사랑이 깨어지고 서로 상처를 남기는 사이가 되기도 합니다. 그럴 때 가정에서 가장 먼저 회복해야 할 것이 예배입니다. 하나님께서는 가족이 연합하여 찬송하고 마음을 나누며 예수님을 높일 때 그 가정을 책임져 주십니다.

신앙은 부모가 자녀에게 물려줄 수 있는 가장 큰 유산입니다. 자녀가 장성해서 세상과 부딪칠 때 믿음의 뿌리가 없다면 힘없이 넘어질 수 있습니다. 하지만 어렸을 때부터 가정예배를 통해 쌓아 온 믿음이 있다면, 잠시 방황하더라도 곧 제자리를 찾게 됩니다.

가정예배를 결심해 놓고 작심삼일로 끝나도 좋습니다. 작심삼일이 모여 1년이 되고, 2년이 됩니다. 일주일에 한 번이어도 좋습니다. 우리 가정은 무슨 일이 있어도 하나님 앞에 반석이 되겠다는 결단을 세우고 나아가십시오.

『물 댄 동산』은 우리가 신앙생활을 하면서 당면하게 되는 문제와 고민거리들을 '나눔의 시간'과 '결단의 시간'을 통해, 가족 구성원이 함께 나누고 교제할 수 있도록 했습니다. 또한 1~3월, 4~6월, 7~9월, 10~12월 총 네 권으로 구성했으며, 각 시기에 어울리는 주제를 다양하게 다룸으로써 가정에서도 균형 있는 예배를 드릴 수 있도록 했습니다.

부디 『물 댄 동산』을 통해 예배에 승리하여 빛으로 세상을 비추는 가정, 성령 충만한 가정이 되기를 소망합니다.

여의도순복음교회 담임목사 | 이 영 훈

: 목 차

4월 *April*

1일	십자가 은혜	• 12
2일	사랑의 예수님	• 14
3일	오늘 네가 나와 함께 낙원에 있으리라	• 16
4일	어찌하여 나를 버리셨나이까	• 18
5일	십자가 상에서의 가르침	• 20
6일	내가 목마르다	• 22
7일	보혈의 능력	• 24
8일	끝이 아니라 영생의 시작	• 26
9일	영적 전쟁의 끝	• 28
10일	네가 어디 있느냐	• 30
11일	치료하시는 예수님	• 32
12일	예수님의 부르심	• 34
13일	희망의 창	• 36
14일	구름 기둥과 불 기둥	• 38
15일	우리 때문에	• 40
16일	보라 새 것이 되었도다	• 42
17일	너를 정죄하지 아니하노니	• 44
18일	그리스도의 이름으로 일어나 걸으라	• 46
19일	이미 목욕한 자	• 48
20일	내 삶의 주인	• 50
21일	예수님께서 기뻐하시는 삶	• 52
22일	복음에 빚진 자	• 54

23일	자기 십자가를 지고	• 56
24일	나의 반석과 피난처	• 58
25일	나는 날마다 죽노라	• 60
26일	자랑할 것은 십자가뿐	• 62
27일	나 외에 다른 신이 없나니	• 64
28일	천국 백성	• 66
29일	예수님의 흔적	• 68
30일	세상과 구별된 그리스도인	• 70

5월 May

1일	성령 충만한 가정	• 74
2일	사랑으로 하나 되는 가정	• 76
3일	사랑과 존경	• 78
4일	화목의 열쇠	• 80
5일	축복의 통로	• 82
6일	자녀의 순종	• 84
7일	아브라함과 이삭	• 86
8일	자녀로서의 도리	• 88
9일	자녀를 노엽게 하지 마라	• 90
10일	하나님이 너를 사랑한단다	• 92
11일	인생을 바꾸는 말	• 94
12일	함께함의 기적	• 96
13일	어머니 요게벳의 믿음	• 98
14일	져 주시는 하나님의 은혜	• 100

15일	즉시 회개하라	• 102
16일	내 탓이오	• 104
17일	요셉의 용서	• 106
18일	동이 서에서 먼 것같이	• 108
19일	용서하라	• 110
20일	내가 먼저	• 112
21일	용서와 화해를 위한 보상	• 114
22일	진정한 자유	• 116
23일	사랑의 용서	• 118
24일	고난 없는 영광은 없다	• 120
25일	회복을 위한 기도	• 122
26일	기도의 능력	• 124
27일	믿음의 손	• 126
28일	우울증 극복하기	• 128
29일	무화과나무가 무성하지 못해도	• 130
30일	선한 이웃	• 132
31일	아버지의 환영	• 134

6월 *June*

1일	하나님께 감사하라	• 138
2일	원망이 감사로	• 140
3일	생각의 전환	• 142
4일	기도에 응답하시는 하나님	• 144

5일	입술의 고백 • 146
6일	성공하는 삶 • 148
7일	하나님의 소유 • 150
8일	전쟁은 하나님의 손에 • 152
9일	고난 중의 감사 • 154
10일	감사의 조건 • 156
11일	창조의 하나님 • 158
12일	평강을 부르는 감사 • 160
13일	우리가 감사하면 • 162
14일	감사의 예배 • 164
15일	참된 안식 • 166
16일	은혜를 기억하라 • 168
17일	창조의 목적 • 170
18일	온전한 번제 • 172
19일	온 마음 다해 • 174
20일	삶 전체를 드리는 예배 • 176
21일	참된 예배자를 찾으시는 하나님 • 178
22일	하나님의 거룩한 성전 • 180
23일	좋은 땅에 뿌려진 씨앗 • 182
24일	하나님을 찬양하라 • 184
25일	모이기에 힘쓰라 • 186
26일	하나님께서 기뻐하시는 예배 • 188
27일	우리가 예배할 때 • 190
28일	향기로운 제물 • 192
29일	하나님을 위해 • 194
30일	우리의 신앙고백 • 196

십자가_거듭남

April

April

4월

십자가_ 거듭남

4월 1일

십자가 은혜

신앙고백 | 사도신경
찬송 | 144, 151장
본문 말씀 | 고린도전서 1장 18-21절

> 십자가의 도가 멸망하는 자들에게는 미련한 것이요 구원을 받는 우리에게는 하나님의 능력이라 기록된 바 내가 지혜 있는 자들의 지혜를 멸하고 총명한 자들의 총명을 폐하리라 하였으니 지혜 있는 자가 어디 있느냐 선비가 어디 있느냐 이 세대에 변론가가 어디 있느냐 하나님께서 이 세상의 지혜를 미련하게 하신 것이 아니냐 하나님의 지혜에 있어서는 이 세상이 자기 지혜로 하나님을 알지 못하므로 하나님께서 전도의 미련한 것으로 믿는 자들을 구원하시기를 기뻐하셨도다

그리스도인에게 십자가는 남다른 의미를 갖습니다. 십자가는 예수 그리스도의 우리를 향한 사랑, 그리고 인간과 하나님과의 관계 회복을 상징하기 때문입니다.

십자가는 유대인과 로마의 사형 도구일 뿐이었습니다. 십자가 형은 가장 고통스럽고 수치스러운 형벌이었습니다. 십자가에 매달리는 사람은 형벌을 받는 내내 알몸으로 사람들에게 비난과 조롱을 받아야 했습니다. 게다가 손과 발에 못이 박힌 채 매달려 있어야 했기 때문에 한 번에 숨을 거두지도 못했습니다. 십자가 형을 받은 사람을 통해 인간이 구원받는다는 사실은 도저히 이해가 되지 않는 일이었습니다.

예수님께서는 십자가에 매달리셔서 하나님께로 나아가는 영원한 대속물이 되셨습니다. 그러므로 우리에게 십자가는 죽음이 아닌 생명의 상징이 되었습니다. 우리는 십자가를 통해 영원한 생명의 길로 들어설 수 있게 되었습니다.

나눔의 시간

십자가의 의미를 생각해 보고, 십자가를 바라볼 때마다 어떤 마음이 드는지 함께 나눠 봅시다.

결단의 시간

예수님의 십자가 은혜에 보답하는 방법을 생각해 보고 그러한 삶을 살 수 있도록 결단합시다.

함께하는 기도

하나님 아버지, 우리를 죽음에서 생명의 길로 옮기신 십자가 은혜에 감사합니다. 예수님의 십자가 사건을 우리가 항상 기억하고 마음에 새기길 원합니다. 십자가의 복음으로 모든 문제를 해결하는 믿음의 가정이 되게 하옵소서. 예수님의 이름으로 기도합니다. 아멘.

암송 말씀

십자가의 도가 멸망하는 자들에게는 미련한 것이요 구원을 받는 우리에게는 하나님의 능력이라 _고린도전서 1:18

주기도문

십자가_ 거듭남

4월 2일

사랑의 예수님

신앙고백 | 사도신경
찬송 | 269, 270장
본문 말씀 | 누가복음 23장 34-37절

> 이에 예수께서 이르시되 아버지 저들을 사하여 주옵소서 자기들이 하는 것을 알지 못함이니이다 하시더라 그들이 그의 옷을 나눠 제비 뽑을새 백성은 서서 구경하는데 관리들은 비웃어 이르되 저가 남을 구원하였으니 만일 하나님이 택하신 자 그리스도이면 자신도 구원할지어다 하고 군인들도 희롱하면서 나아와 신 포도주를 주며 이르되 네가 만일 유대인의 왕이면 네가 너를 구원하라 하더라

　예수님께서 이 땅에 오신 것은 우리를 너무나도 사랑하셨기 때문입니다. 사랑하는 자녀가 죄에 빠져 영원히 죽을 수밖에 없게 되자, 우리를 살리시려고 이 땅에 오신 것입니다. 우리의 죄를 사하시기 위해 만유의 주인이신 하나님의 아들 예수님께서 수치를 당하신 것입니다.
　그러나 예수님께서는 우리를 원망하지 않으셨습니다. 예수님은 십자가에 달리셔서 고통당하시는 중에도 자신을 핍박하는 자들을 용서하셨습니다. 예수님께서는 고통 속에 돌아가시면서도 우리의 죄 사함과 용서에 모든 관심을 기울이셨습니다.
　그러므로 우리는 죽기까지 우리를 사랑하신 예수님을 믿고 그 사랑에 감사하며 보답하는 삶을 살아야 합니다. 십자가 은혜를 입은 자들로서 낮은 자를 돌보며 사랑을 실천하셨던 예수님의 모습을 우리 삶에서도 나타내야 합니다.

나눔의 시간

처음으로 구원의 확신이 생겼던 때를 기억하나요? 그때 내 마음이 어땠는지 함께 나눠 봅시다.

결단의 시간

살면서 아직까지 용서하지 못한 사람이 있다면, 이 시간 그 사람을 용서하고 사랑할 수 있도록 결단합시다.

함께하는 기도

하나님 아버지, 우리의 삶이 그리스도의 사랑을 본받는 삶이 되기를 원합니다. 십자가의 은혜를 기억하며, 미움과 증오심 대신 화해와 용서를 결단하는 믿음을 허락해 주옵소서. 원수를 사랑하라는 주님의 말씀에 순종하는 믿음의 가정이 되도록 인도해 주옵소서. 예수님의 이름으로 기도합니다. 아멘.

암송 말씀

이에 예수께서 이르시되 아버지 저들을 사하여 주옵소서 자기들이 하는 것을 알지 못함이니이다 하시더라 그들이 그의 옷을 나눠 제비 뽑을새 _누가복음 23:34

주기도문

4월 3일

십자가_ 거듭남

오늘 네가 나와 함께 낙원에 있으리라

신앙고백 | 사도신경
찬송 | 336, 338장
본문 말씀 | 누가복음 23장 39-43절

> 달린 행악자 중 하나는 비방하여 이르되 네가 그리스도가 아니냐 너와 우리를 구원하라 하되 하나는 그 사람을 꾸짖어 이르되 네가 동일한 정죄를 받고서도 하나님을 두려워하지 아니하느냐 우리는 우리가 행한 일에 상당한 보응을 받는 것이니 이에 당연하거니와 이 사람이 행한 것은 옳지 않은 것이 없느니라 하고 이르되 예수여 당신의 나라에 임하실 때에 나를 기억하소서 하니 예수께서 이르시되 내가 진실로 네게 이르노니 오늘 네가 나와 함께 낙원에 있으리라 하시니라

예수님께서 십자가에 달리셨을 때 좌우에는 두 명의 강도가 함께 십자가 형을 받았습니다. 그런데 예수님에 대해 그 둘은 서로 다른 태도를 보입니다. 한 명은 예수님을 조롱하는 데 반해 또 다른 남자는 죽음에 임박해서 예수님을 인정한 것입니다.

예수님을 인정한 강도는 십자가 위에서 예수님의 기도를 들었습니다. 그 기도는 자신을 조롱하고 핍박하는 사람들을 대신해 하나님께 용서를 구하는 기도였습니다. 이 강도는 "예수여 당신의 나라에 임하실 때에 나를 기억하소서"라고 부르짖었습니다. 그의 간구에 예수님은 "오늘 네가 나와 함께 낙원에 있으리라"고 응답해 주셨습니다.

두 강도의 모습은 마치 현재를 살아가는 우리의 모습과 같습니다. 어떤 사람은 예수님의 십자가를 바라보며 조롱합니다. 그러나 어떤 사람은 십자가 앞에서 눈물을 흘리며 자신의 죄를 회개합니다. 예수님은 모든 사람을 향해

"볼지어다 내가 문 밖에 서서 두드리노니 누구든지 내 음성을 듣고 문을 열면 내가 그에게로 들어가 그와 더불어 먹고 그는 나와 더불어 먹으리라"계 3:20고 말씀하십니다. 주님께서 우리 마음의 문을 두드리실 때, 우리는 죄를 회개하고 예수님을 영접해야 합니다. 그럴 때 우리는 구원을 받고, 영생을 얻을 수 있습니다.

나눔의 시간

혹시 주변에 예수님의 십자가 사건을 믿지 않고 오히려 조롱하는 사람이 있습니까? 우리는 그런 사람에게 어떻게 말해 주어야 할까요?

결단의 시간

아직까지 나의 죄를 인정하지 않고 회개하지 못했다면 이 시간 예수님 앞에 모두 내려놓고 회개합시다.

함께하는 기도

하나님 아버지, 우리 가정이 주님을 영접하고 믿음으로 영생을 얻을 수 있도록 인도해 주옵소서. 삶의 모든 영역에서 믿음으로 승리하는 가정이 되도록 역사해 주옵소서. 예수님의 이름으로 기도합니다. 아멘.

암송 말씀

예수께서 이르시되 내가 진실로 네게 이르노니 오늘 네가 나와 함께 낙원에 있으리라 하시니라 _누가복음 23:43

주기도문

4월 4일

십자가_ 거듭남

어찌하여 나를 버리셨나이까

신앙고백 | 사도신경
찬송 | 143, 147장
본문 말씀 | 마태복음 27장 45-46절

> 제 육시로부터 온 땅에 어둠이 임하여 제 구시까지 계속되더니 제 구시쯤에 예수께서 크게 소리 질러 이르시되 엘리 엘리 라마 사박다니 하시니 이는 곧 나의 하나님, 나의 하나님, 어찌하여 나를 버리셨나이까 하는 뜻이라

 예수님께서 십자가에 달리신 시간은 오전 9시입니다. 그리고 세 시간 후인 낮 12시부터 예수님께서 숨을 거두신 오후 3시까지 온 땅에 어둠이 임했습니다. 온 인류의 죄를 다 짊어지신 예수님의 모습이 너무 비참하여 하나님께서 고개를 돌리신 것입니다.

예수님의 그 처절한 고난에 하늘과 땅은 빛을 잃어버렸습니다. 예수님은 자신이 그렇게도 사랑했던 제자들과 이스라엘 백성, 그뿐만 아니라 하나님으로부터도 철저하게 외면당하셨습니다. 예수님은 십자가 위에서 가장 외롭고 힘든 시간을 보내셔야 했습니다.

그런데 놀라운 것은 그때에도 예수님은 하나님을 찾으셨다는 것입니다. 예수님은 하나님께 부르짖었습니다. "엘리 엘리 라마 사박다니, 나의 하나님, 나의 하나님 어찌하여 나를 버리셨나이까?"

살다 보면 우리에게도 외로운 순간, 고통의 순간이 찾아옵니다. 그럴 때 우리는 하나님을 원망하거나 삶을 포기할 수 있습니다. 그러나 예수님은 고통의 순간에 하나님을 원망한 것이 아니라 부르짖었습니다. 우리도 고난의 때에 주님을 찾아야 합니다. 하나님은 우리의 어떠한 목소리도 결코 외면하지 않으십니다.

나눔의 시간

너무나도 힘든 순간에 부르짖어 기도했던 경험이 있습니까? 그때 하나님께서는 어떻게 응답하셨는지 함께 나눠 봅시다.

결단의 시간

그리스도인은 어떤 상황에서도 하나님을 찾는 사람입니다. 삶의 괴로움과 아픔이 있을 때 가장 먼저 하나님께 나와 부르짖어 기도하기로 결단합시다.

함께하는 기도

하나님 아버지, 어떤 경우에도 주님을 찾는 믿음의 가정이 되기를 원합니다. 예수님처럼 가장 힘들고 외로운 그 시간에도 주님을 찾으며, 부르짖을 수 있는 믿음을 주옵소서. 예수님의 이름으로 기도합니다. 아멘.

암송 말씀

> 제 구시쯤에 예수께서 크게 소리 질러 이르시되 엘리 엘리 라마 사박다니 하시니 이는 곧 나의 하나님, 나의 하나님, 어찌하여 나를 버리셨나이까 하는 뜻이라 _마태복음 27:46

주기도문

4월 5일

십자가_ 거듭남

십자가 상에서의 가르침

신앙고백 | 사도신경
찬송 | 154, 442장
본문 말씀 | 요한복음 19장 25-27절

> 예수의 십자가 곁에는 그 어머니와 이모와 글로바의 아내 마리아와 막달라 마리아가 섰는지라 예수께서 자기의 어머니와 사랑하시는 제자가 곁에 서 있는 것을 보시고 자기 어머니께 말씀하시되 여자여 보소서 아들이니이다 하시고 또 그 제자에게 이르시되 보라 네 어머니라 하신대 그 때부터 그 제자가 자기 집에 모시니라

　예수님께서는 죽기 직전 마리아를 향해 '여자여'라는 호칭을 사용하셨습니다. 왜 '어머니'가 아니라 '여자여'라고 부르셨을까요? 당시 예수님께서 사용하셨던 이 단어는 헬라어로 '구나이'라고 하며, 이는 왕후의 호칭으로 사용되었던 '귀네'라는 단어에서 파생되었습니다. '귀네'는 여자에 대한 가장 높은 존칭어로, 예수님께서는 어머니를 향해 '가장 귀한 여인이시여'라고 부르신 것입니다.

　이처럼 예수님께서는 죽기 직전 어머니에게 존경과 사랑을 나타내셨습니다. 그리고 사랑하는 제자 요한에게 어머니를 잘 보살펴 달라고 부탁하셨습니다. 그는 고난 중에서도 자신이 떠난 후 남아 있을 사람들을 걱정하시며 삶의 도리와 사랑을 가르치신 것입니다.

　그날 이후 요한은 마리아를 자기 집에 모시고 평생을 친어머니처럼 잘 보살펴 드렸습니다. 이러한 가르침은 우리의 삶에도 적용되어야 합니다. 그리스도인이라면 예수님의 죽기 직전의 가르침을 언제나 기억하고, 부모를 잘 섬기고 형제를 사랑하며 어른을 공경해야 합니다.

나눔의 시간

부모에게 자녀 된 도리를 다 하고 있습니까? 자신의 모습을 되돌아보며 부모에게 사랑을 표현하는 시간을 가져 봅시다.

결단의 시간

예수님께서 고통 속에서도 우리에게 들려주시고자 했던 말씀을 기억하고, 늘 사랑으로 부모를 섬기고 형제를 사랑하기로 결단합시다.

함께하는 기도

하나님 아버지, 웃어른에게 순종하고 공경하는 가정이 되기를 원합니다. 예수님께서 사랑을 표현하신 것처럼, 서로 사랑과 존경의 마음을 갖고 표현할 줄 아는 믿음의 가정이 되게 하옵소서. 예수님의 이름으로 기도합니다. 아멘.

암송 말씀

> 예수께서 자기의 어머니와 사랑하시는 제자가 곁에 서 있는 것을 보시고 자기 어머니께 말씀하시되 여자여 보소서 아들이니이다 하시고 _요한복음 19:26

주기도문

4월 6일

내가 목마르다

신앙고백 | 사도신경
찬송 | 304, 310장
본문 말씀 | 요한복음 19장 28-29절

> 그 후에 예수께서 모든 일이 이미 이루어진 줄 아시고 성경을 응하게 하려 하사 이르시되 내가 목마르다 하시니 거기 신 포도주가 가득히 담긴 그릇이 있는지라 사람들이 신 포도주를 적신 해면을 우슬초에 매어 예수의 입에 대니

　예수님께서는 십자가에서 하나님과 단절되는 영적 고통, 사람들에게 조롱받는 정신적 고통, 그리고 온몸이 찢기는 육체적 고통을 모두 겪으셨습니다. 우리 인간이 겪는 고통을 몸소 체험하신 것입니다. 예수님은 십자가 위에서 극한의 고통을 겪으며 '목마르다'고 외치셨습니다.

　히브리서 4장 15절은 "우리에게 있는 대제사장은 우리의 연약함을 동정하지 못하실 이가 아니요 모든 일에 우리와 똑같이 시험을 받으신 이로되 죄는 없으시니라"고 말씀하고 있습니다. 예수님은 우리의 연약함을 질책하지 않습니다. 오히려 예수님은 누구보다 우리의 사정을 마음 깊이 이해해 주시는 분입니다. 그러므로 우리는 예수님 앞에 감출 것이 없습니다. 힘든 일이 있거나 고통이 찾아올 때 예수님 앞에 엎드려야 합니다. 우리는 언제나 우리를 보듬어 주시고 안아 주시는 좋으신 예수님을 기억해야 합니다.

나눔의 시간

지금까지 내가 생각했던 예수님은 어떤 분이었습니까? 혹시 오늘 알게 된 예수님의 새로운 모습이 있습니까? 예수님은 나에게 어떤 분인지 함께 나눠 봅시다.

결단의 시간

힘든 일이 생겼을 때 먼저 사람을 찾거나 세상적인 방법으로 해결하지 말고, 우리와 같은 자리에서 우리의 모든 고통을 이해하시는 예수님 앞에 나와 나의 상황과 감정을 거짓 없이 고백하기로 결단합시다.

함께하는 기도

하나님 아버지, 우리가 언제나 주님의 십자가 사랑을 기억하며, 그 앞에 우리의 모든 짐을 내려놓기를 원합니다. 항상 솔직한 모습으로 주님 앞에 나아갈 수 있도록 우리를 인도해 주옵소서. 예수님의 이름으로 기도합니다. 아멘.

암송 말씀

그 후에 예수께서 모든 일이 이미 이루어진 줄 아시고 성경을 응하게 하려 하사 이르시되 내가 목마르다 하시니 _요한복음 19:28

주기도문

4월 7일

십자가_ 거듭남

보혈의 능력

신앙고백 | 사도신경
찬송 | 184, 270장
본문 말씀 | 히브리서 13장 10-12절

> 우리에게 제단이 있는데 장막에서 섬기는 자들은 그 제단에서 먹을 권한이 없나니 이는 죄를 위한 짐승의 피는 대제사장이 가지고 성소에 들어가고 그 육체는 영문 밖에서 불사름이라 그러므로 예수도 자기 피로써 백성을 거룩하게 하려고 성문 밖에서 고난을 받으셨느니라

구약 시대 사람들은 죄를 해결하기 위해 제사를 드렸습니다. 속죄제에는 제물이 필요했습니다. 제물은 값비싼 송아지나 양, 염소가 사용되기도 하고 값싼 비둘기가 사용되기도 했습니다. 이는 죄인의 신분과 재산, 그리고 죄의 경중에 따라 달랐습니다. 중요한 것은 제물은 그 종류에 상관 없이 흠이 없고 거룩해야 한다는 것이었습니다.

속죄제에는 제사장과 이스라엘의 온 회중이 함께 참여할 수 있었습니다. 제사장은 제물을 회막 앞에서 죽여 그 피를 성소의 휘장에 뿌렸습니다. 속죄제의 가장 큰 특징이 여기에 있습니다. 우리의 죄가 속하여지기 위해서는 반드시 피를 흘리는 제사가 필요했습니다.

예수님은 속죄 제물이 되어 이 땅에 오셨습니다. 아무 죄 없고 흠 없는 예수님께서 스스로 제물이 되어 이 땅에 오신 것입니다. 예수님은 기꺼이 십자가에 달리셔서 흘리실 수 있는 모든 피를 흘리셨습니다. 그리고 그 피로 우리는 과거의 죄뿐만 아니라 앞으로 지을 모든 죄까지 영원히 씻음 받았습니다.

이로써 우리는 속죄제를 드리지 않고도, 예수님의 보혈을 의지해 죄를 고백하기만 하면 사함 받을 수 있게 되었습니다. 이것이 십자가 사건의 가장 큰 은혜입니다.

나눔의 시간

죄를 지은 죄책감으로 교회에 나가지 못했거나 기도하지 못한 경험이 있습니까? 그때의 마음을 나눠 보고, 이제는 내 안에 죄가 없음을 고백해 봅시다.

결단의 시간

아직도 '나는 죄인'이라는 생각에 당당하지 못했던 부분이 있었다면 이 시간 예수님의 보혈의 능력으로 그러한 생각에서 벗어나 자유한 삶을 살기로 결단합시다.

함께하는 기도

하나님 아버지, 예수님의 흘리신 피로 우리의 모든 죄를 씻어 주심을 감사합니다. 이제 그 어떠한 죄도 우리 안에 남아 있지 않음을 믿음으로 고백합니다. 우리 가정이 언제나 보혈의 능력을 의지하며 승리의 삶을 살게 하옵소서. 예수님의 이름으로 기도합니다. 아멘.

암송 말씀

> 그러므로 예수도 자기 피로써 백성을 거룩하게 하려고 성문 밖에서 고난을 받으셨느니라 _히브리서 13:12

주기도문

십자가_ 거듭남

4월 8일

끝이 아니라 영생의 시작

신앙고백 | 사도신경
찬송 | 149, 150장
본문 말씀 | 누가복음 23장 46-49절

> 예수께서 큰 소리로 불러 이르시되 아버지 내 영혼을 아버지 손에 부탁하나이다 하고 이 말씀을 하신 후 숨지시니라 백부장이 그 된 일을 보고 하나님께 영광을 돌려 이르되 이 사람은 정녕 의인이었도다 하고 이를 구경하러 모인 무리도 그 된 일을 보고 다 가슴을 치며 돌아가고 예수를 아는 자들과 갈릴리로부터 따라온 여자들도 다 멀리 서서 이 일을 보니라

유대인은 잠자리에 들기 전에 "아버지 내 영혼을 아버지 손에 부탁하나이다"라고 기도합니다. 이것은 잠을 자다가 죽음을 맞게 되더라도 영혼은 천국에서 영원히 쉴 것이라는 믿음의 표현입니다.

예수님께서도 죽음의 순간 이 기도를 드렸습니다. 인간의 눈에 보이는 것은 예수님께서 숨을 멈추고 온몸에 물과 피를 흘리시며 생명을 잃은 것이었지만, 그 순간 예수님께서는 영원한 안식을 누릴 것을 믿음으로 선포하셨습니다. 그리고 하나님의 손에 의해 평화와 안식 가운데로 들어가셨습니다.

이것이 바로 십자가의 은혜를 입은 그리스도인이 누릴 영생입니다. 그리스도인은 매일의 삶 가운데 하나님 품에서 영원한 안식을 누릴 수 있습니다. 우리는 이 땅에서 죄와 싸우며 고된 하루하루를 산다 해도 예수 그리스도를 믿음으로 평안과 영생을 얻게 되는 것입니다.

나눔의 시간

평소 죽음에 대해 어떻게 생각해 왔나요? 혹시 두려운 마음이나 거리끼는 마음이 있지는 않았는지 함께 나눠 봅시다.

결단의 시간

그리스도인은 죽음을 끝이 아닌 영생의 시작으로 여기는 사람들입니다. 그러므로 죽음에 대해서는 믿지 않는 자들과 다른 태도를 가져야 합니다. 그리스도인으로서 자의식을 가지고 각자의 버킷리스트Bucket list를 작성해 봅시다.

함께하는 기도

하나님 아버지, 마지막 순간까지 하나님의 평안과 안식을 바라보셨던 주님의 기도를 기억합니다. 우리도 십자가의 은혜 안에서 죽음 이후의 삶을 준비하는 믿음의 가정이 되기를 원합니다. 영생을 바라보며 삶의 안식을 누리도록 인도해 주옵소서. 예수님의 이름으로 기도합니다. 아멘.

암송 말씀

예수께서 큰 소리로 불러 이르시되 아버지 내 영혼을 아버지 손에 부탁하나이다 하고 이 말씀을 하신 후 숨지시니라 _누가복음 23:46

주기도문

4월 9일

십자가_ 거듭남

영적 전쟁의 끝

신앙고백 | 사도신경
찬송 | 260, 265장
본문 말씀 | 요한복음 19장 30절

> 예수께서 신 포도주를 받으신 후에 이르시되 다 이루었다 하시고 머리를 숙이니 영혼이 떠나가시니라

　전 세계를 공포로 몰아넣었던 제2차 세계대전은 1945년 9월 2일 일본 외무부 장관이 미주리 호 선상에서 항복 문서에 서명함으로써 종결되었습니다. 이후 일본은 군대가 해체되었고, 일본의 식민 지배 하에 있던 나라들은 하나 둘 독립을 선언했습니다.

　마치 일본이 항복 문서에 서명할 때 전쟁이 끝난 것처럼, 2천 년 전 예수님께서 십자가에서 "다 이루었다"고 말씀하셨을 때 우리의 모든 영적 전쟁은 끝났습니다. 능력을 모두 잃은 사탄이 항복 문서에 서명을 한 것입니다. 그들은 하나님 앞에 완전히 패했습니다. 이제 마귀는 무장해제 된 패잔병에 불과합니다.

　우리 삶에 다가오는 영적 전쟁은 엄밀히 말해 전쟁이 아니라 '패잔병 소탕전투'에 불과합니다. 그러므로 우리는 이제 사탄의 공격 앞에 두려워할 필요가 없습니다. 십자가 사건 이후 죄는 우리를 점령하지 못합니다. 우리가 예수님을 믿고 보혈의 능력을 의지하며 나갈 때, 죄와 죽음, 절망과 질병, 가난과 저주 등 온갖 문제를 이길 수 있는 것입니다.

우리는 승리자입니다. 이러한 위대한 승리를 마음에 품고 주 안에서 날마다 이기고 또 이기며 복음에 합당한 삶을 살아야 합니다.

나눔의 시간
내 안에 버릇처럼 행하는 죄, 끊어 내기 힘든 죄가 있습니까? 또는 마음을 쉽게 무너트리는 반복되는 상황이 있습니까? 함께 나눠 봅시다.

결단의 시간
하나님의 자녀인 우리는 죄와 사망에서 자유합니다. 어떠한 사탄의 공격도 우리 삶을 무너트릴 수 없음을 믿음으로 선포합시다.

함께하는 기도
하나님 아버지, 주님이야말로 우주 만물의 주관자요 영원한 승리자임을 선포합니다. 우리는 주님의 십자가를 기억하며 죄와 사망으로부터 해방되었습니다. 우리가 영원한 하나님의 자녀로 살아가게 하시니 감사합니다. 예수님의 이름으로 기도합니다. 아멘.

암송 말씀
예수께서 신 포도주를 받으신 후에 이르시되 다 이루었다 하시고 머리를 숙이니 영혼이 떠나가시니라 _요한복음 19:30

주기도문

십자가_ 거듭남

4월 10일

네가 어디 있느냐

신앙고백 | 사도신경
찬송 | 272, 277장
본문 말씀 | 창세기 3장 8-12절

> 그들이 그 날 바람이 불 때 동산에 거니시는 여호와^{야훼} 하나님의 소리를 듣고 아담과 그의 아내가 여호와^{야훼} 하나님의 낯을 피하여 동산 나무 사이에 숨은지라 여호와^{야훼} 하나님이 아담을 부르시며 그에게 이르시되 네가 어디 있느냐 이르되 내가 동산에서 하나님의 소리를 듣고 내가 벗었으므로 두려워하여 숨었나이다 이르시되 누가 너의 벗었음을 네게 알렸느냐 내가 네게 먹지 말라 명한 그 나무 열매를 네가 먹었느냐 아담이 이르되 하나님이 주셔서 나와 함께 있게 하신 여자 그가 그 나무 열매를 내게 주므로 내가 먹었나이다

아담과 하와가 하나님의 말씀을 어기고 선악과를 따 먹은 후 처음 한 행동은 숨는 것이었습니다. 하나님 아버지와의 친밀한 관계가 죄로 말미암아 단절된 것입니다. 그 결과 아담과 하와는 에덴동산에서 쫓겨나 생명나무의 실과를 먹지 못하게 되었고 사망에 이르게 되었습니다.

이러한 과정에서 우리가 간과하지 말아야 할 중요한 사실이 있습니다. 사람이 죄 짓고 숨은 그때에도 하나님께서는 "네가 어디 있느냐?"라고 부르시면서 그들을 찾으셨다는 것입니다. 그뿐만 아니라 하나님께서는 에덴동산을 떠나 살아갈 아담과 하와에게 가죽옷을 지어 입히셨습니다. 하나님께서는 죄를 지어 벌을 받아야 하는 죄인을 포기하지 않으시고 여전히 사랑하셨습니다.

예수 그리스도께서 친히 이 땅에 오셔서 죄인을 찾으시고 부르신 것도 우리의 빼앗긴 생명을 찾아 주시기 위함입니다. 지금도 주님은 우리를 구원하시기 위해 부르십니다. 우리에게 영원한 생명을 선물로 주시기 위해 주님은 끝까지 포기하지 않으십니다.

나눔의 시간

내가 저지른 큰 잘못에 대한 죄책감 때문에 친구나 가족을 피한 적이 있습니까? 그때 느꼈던 마음을 함께 나눠 봅시다.

결단의 시간

우리가 아무리 큰 죄를 지었어도 하나님은 우리를 사랑하시고 구원하기 원하십니다. 이 시간 나를 다정히 부르시는 주님께 친밀한 사랑을 고백하는 시간을 가져 봅시다.

함께하는 기도

하나님 아버지, 우리가 어떤 죄를 지었어도 우리를 사랑하시고 포기하지 않으시는 주님의 마음을 기억하기 원합니다. 우리가 죄에 빠졌을 때에라도 주님 앞에 나아가 회개하고 예배하는 것을 포기하지 않는 삶과 가정이 될 수 있도록 인도해 주옵소서. 예수님의 이름으로 기도합니다. 아멘.

암송 말씀

여호와(야훼) 하나님이 아담을 부르시며 그에게 이르시되 네가 어디 있느냐 _창세기 3:9

주기도문

4월 11일

십자가_ 거듭남

치료하시는 예수님

신앙고백 | 사도신경
찬송 | 88, 288장
본문 말씀 | 이사야 53장 4-5절

> 그는 실로 우리의 질고를 지고 우리의 슬픔을 당하였거늘 우리는 생각하기를 그는 징벌을 받아 하나님께 맞으며 고난을 당한다 하였노라 그가 찔림은 우리의 허물 때문이요 그가 상함은 우리의 죄악 때문이라 그가 징계를 받으므로 우리는 평화를 누리고 그가 채찍에 맞으므로 우리는 나음을 받았도다

　공생애 기간 동안 예수님은 질병으로 고통받는 많은 사람을 치료하셨습니다. 베데스다 연못가에서 38년 된 병자를 고치셨고, 백부장의 하인을 고치셨으며, 안식일에 회당에서 손 마른 사람을 고치셨습니다. 그뿐만 아니라 귀신 들린 자를 자유롭게 하셨고, 중풍병자를 일으키셨고, 혈루병과 피부병, 나병을 치료하셨고, 듣지 못하고 보지 못하는 사람을 듣고 보게 하셨습니다. 게다가 죽은 사람까지 살리셨습니다. 예수님께서는 병자를 불쌍히 여기셨습니다. 우리의 아픔을 자신의 아픔으로 여기셨던 주님은 고통받는 사람의 앞을 그냥 지나치지 못하시고 치료해 주셨던 것입니다.

　예수님께서는 우리 마음의 고통은 물론 육신의 질병, 환경의 저주를 멸하고 평화를 주시기 위해 징계를 받으시고 채찍에 맞으셨습니다. 이로써 우리를 누르고 있는 모든 저주는 사라졌습니다. 자유를 얻은 우리는 이제 심신의 병이나 죄에 끌려다니는 삶을 살지 말고 주님 안에서 참 평안을 누리는 삶을 살아야 할 것입니다.

나눔의 시간

몸이 아플 때나 마음의 상심이 클 때 기도로 이를 극복한 경험이 있다면 함께 나눠 봅시다.

결단의 시간

환경의 어려움이 닥칠 때 나도 모르게 몸과 마음이 약해질 때가 있습니다. 어떠한 순간에라도 승리의 예수님을 의지하며 강하고 담대한 마음을 잃지 않기로 결단합시다.

함께하는 기도

하나님 아버지, 우리를 대신해 온몸으로 고통과 저주를 이겨 내신 주님을 우리가 항상 기억하기 원합니다. 하나님의 거룩한 자녀답게 살아갈 수 있도록 우리의 모든 죄악을 씻어 주시고, 용서해 주옵소서. 예수님의 이름으로 기도합니다. 아멘.

암송 말씀

> 그가 찔림은 우리의 허물 때문이요 그가 상함은 우리의 죄악 때문이라 그가 징계를 받으므로 우리는 평화를 누리고 그가 채찍에 맞으므로 우리는 나음을 받았도다
> _이사야 53:5

주기도문

십자가_ 거듭남

4월 12일

예수님의 부르심

신앙고백 | 사도신경
찬송 | 320, 325장
본문 말씀 | 요한복음 20장 16-18절

> 예수께서 마리아야 하시거늘 마리아가 돌이켜 히브리 말로 랍오니 하니(이는 선생님이라는 말이라) 예수께서 이르시되 나를 붙들지 말라 내가 아직 아버지께로 올라가지 아니하였노라 너는 내 형제들에게 가서 이르되 내가 내 아버지 곧 너희 아버지, 내 하나님 곧 너희 하나님께로 올라간다 하라 하시니 막달라 마리아가 가서 제자들에게 내가 주를 보았다 하고 또 주께서 자기에게 이렇게 말씀하셨다 이르니라

막달라 마리아는 십자가 사건 이후에도 예수님의 시신이 안치된 동굴을 찾아왔습니다. 마리아는 여전히 예수님을 사랑했고 그리워했던 것입니다. 그러나 마리아는 예수님이 돌아가셨다고 생각했기 때문에 부활하신 예수님을 만났지만 알아보지 못했습니다. 그런 그녀를 예수님께서 "마리아야" 하고 부르셨습니다. 그제야 마리아는 자신 앞에 계신 분이 예수님이라는 것을 깨달았습니다.

예수님의 부르심은 마리아의 믿음의 눈을 뜨게 했습니다. 이 부르심은 그녀를 절망에서 환희로, 괴로움에서 기쁨으로 이끌었습니다. 이후 그녀의 삶은 예수님을 증거하는 삶으로 변화되었습니다.

예수님의 제자들을 핍박하던 바울도 예수님의 음성을 듣고 변화되어 새사람이 되었습니다. 이처럼 우리는 예수님의 음성에 귀 기울여야 합니다. 그 음성을 듣고 삶의 변화를 경험하며 주님을 증거하는 삶을 살아야 합니다. 그때에 우리 삶과 가정에 참된 기쁨과 평안이 가득 넘치게 될 것입니다.

나눔의 시간

힘들고 외로운 순간에 누군가 내 이름을 불러 주는 것만으로도 따뜻함을 경험한 적이 있습니까?

결단의 시간

어떠한 상황 가운데에서도 주님께 순종하며 예수님을 증거하는 삶을 살기로 결단합시다.

함께하는 기도

하나님 아버지, 오늘도 우리를 부르시는 주님의 음성을 듣기 원합니다. 우리를 구원하시고 위로하시는 주님의 음성으로 말미암아 평안하기 원합니다. 또한 그 음성을 전하는 삶과 가정이 되기를 소망합니다. 예수님의 이름으로 기도합니다. 아멘.

암송 말씀

> 예수께서 마리아야 하시거늘 마리아가 돌이켜 히브리 말로 랍오니 하니(이는 선생님이라는 말이라) _요한복음 20:16

주기도문

십자가_ 거듭남

4월 13일

희망의 창

신앙고백 | 사도신경
찬송 | 336, 341장
본문 말씀 | 창세기 8장 6-12절

> 사십 일을 지나서 노아가 그 방주에 낸 창문을 열고 까마귀를 내놓으매 까마귀가 물이 땅에서 마르기까지 날아 왕래하였더라 그가 또 비둘기를 내놓아 지면에서 물이 줄어들었는지를 알고자 하매 온 지면에 물이 있으므로 비둘기가 발 붙일 곳을 찾지 못하고 방주로 돌아와 그에게로 오는지라 그가 손을 내밀어 방주 안 자기에게로 받아들이고 또 칠 일을 기다려 다시 비둘기를 방주에서 내놓으매 저녁때에 비둘기가 그에게로 돌아왔는데 그 입에 감람나무 새 잎사귀가 있는지라 이에 노아가 땅에 물이 줄어든 줄을 알았으며 또 칠 일을 기다려 비둘기를 내놓으매 다시는 그에게로 돌아오지 아니하였더라

하나님께서는 방주에 들어간 노아의 가족에게 언제까지 비를 내릴 것이며, 언제쯤 뭍이 드러날 것이라고 말씀해 주시지 않았습니다. 노아의 가족은 방주에서 언제쯤 나갈 수 있을지 아무도 몰랐습니다. 아마도 그들은 물로 뒤덮인 세상에서 불안한 하루하루를 보내야 했을 것입니다.

그런 노아가 할 수 있었던 것은 오직 하나님만 의지하는 것이었습니다. 방주에는 배의 키를 조종하는 선장도, 나침반도, 지도도, 아무것도 없었습니다. 오직 하늘을 향한 창문 하나만이 있었을 뿐이었습니다. 하루는 노아가 방주의 창을 열고 까마귀와 비둘기를 날려 보냈습니다. 그는 지면에서 물이 줄어들었는지 알고 싶었습니다. 노아가 비둘기를 두 번째 날려 보냈을 때 비둘기는 감람나무 새 잎사귀를 물고 방주로 돌아왔고, 그것을 보고 노아와 그의 가족은 땅에 물이 줄어들고 있다는 사실을 알 수 있었습니다.

우리는 하나님을 믿는다고 하면서도 끝없이 미래를 불안해하고 염려합니다. 그 이유는 여전히 세상으로 시선을 돌리기 때문입니다. 그러나 우리는 오직 하나님만 의지하고 하늘을 향한 창을 열었던 노아처럼 하나님만을 바라봐야 합니다.

나눔의 시간

삶의 선택의 갈림길에서 나는 주로 무엇을 기준으로 결정하는 편입니까? 함께 나눠 봅시다.

결단의 시간

예배하고 기도하는 순간에도 걱정하는 문제가 있습니까? 이 시간 모든 걱정의 마음을 내려놓고 오직 하나님 한 분만의 은혜를 기대하기로 결단합시다.

함께하는 기도

하나님 아버지, 세상에 대한 염려가 아닌, 그리스도를 향한 믿음이 우리의 가정을 지배할 수 있도록 인도해 주옵소서. 예수님의 이름으로 기도합니다. 아멘.

암송 말씀

저녁때에 비둘기가 그에게로 돌아왔는데 그 입에 감람나무 새 잎사귀가 있는지라 이에 노아가 땅에 물이 줄어든 줄을 알았으며 _창세기 8:11

주기도문

십자가_ 거듭남

4월 14일

구름 기둥과 불 기둥

신앙고백 | 사도신경
찬송 | 438, 449장
본문 말씀 | 출애굽기 13장 21-22절

> 여호와(야훼)께서 그들 앞에서 가시며 낮에는 구름 기둥으로 그들의 길을 인도하시고 밤에는 불 기둥을 그들에게 비추사 낮이나 밤이나 진행하게 하시니 낮에는 구름 기둥, 밤에는 불 기둥이 백성 앞에서 떠나지 아니하니라

광야의 낮과 밤에는 우리가 상상조차 할 수 없을 정도의 더위와 추위가 찾아옵니다. 물이나 풀도 없을뿐더러, 낮에는 섭씨 40도 이상 열기가 오르다가도 밤이 되면 영하 수십 도까지 내려가니, 광야에서 살아간다는 것은 불가능에 가깝습니다.

그러나 하나님께서는 애굽에서 고통받던 이스라엘 백성에게 젖과 꿀이 흐르는 가나안 땅을 주시겠다고 약속하시면서 광야로 이끄셨습니다. 그러고는 구름 기둥과 불 기둥을 세워 낮의 뜨거운 열기와 밤의 살인적인 추위로부터 이스라엘 백성을 보호하셨습니다. 그뿐만 아니라 아침마다 만나와 메추라기를 내려 주셔서 이스라엘 백성을 먹이셨습니다. 만약 이스라엘 백성이 하나님을 떠났다면 그 길은 바로 죽음의 길이었을 것입니다. 그러므로 그들은 광야에서 오직 하나님만 바라볼 수밖에 없었습니다.

우리의 삶은 마치 광야와 같습니다. 예수님을 떠나 한 발자국이라도 옮기면 그곳은 곧 사망의 길이기 때문입니다. 예수님께서는 "내가 곧 길이요 진리요 생명이니 나로 말미암지 않고는 아버지께로 올 자가 없느니라"_요 14:6_ 고 하셨습니다. 우리는 오직 예수님만이 우리의 유일한 구원의 길임을 잊지 말아야 합니다. 예수님이 아니면 우리는 결코 온전한 삶을 살 수 없다는 사실을 인정하고, 언제나 예수님을 따르는 삶을 살아야 할 것입니다.

나눔의 시간

힘든 상황 속에서 하나님의 은혜를 경험한 적이 있습니까? 어떤 상황이었는지 함께 나눠 봅시다.

결단의 시간

광야와 같은 삶에서 우리를 구원하실 유일한 분인 예수 그리스도만을 의지하고 따르기를 결단합시다.

함께하는 기도

하나님 아버지, 우리 삶의 우선순위가 오직 예수님이기를 원합니다. 불 기둥과 구름 기둥의 인도를 받았던 이스라엘 백성처럼, 우리 가정과 삶을 가장 좋은 길로 인도해 주옵소서. 예수님의 이름으로 기도합니다. 아멘.

암송 말씀

> 낮에는 구름 기둥, 밤에는 불 기둥이 백성 앞에서 떠나지 아니하니라 _출애굽기 13:22

주기도문

4월 15일

우리 때문에

신앙고백 | 사도신경
찬송 | 305, 314장
본문 말씀 | 사도행전 2장 36-39절

> 그런즉 이스라엘 온 집은 확실히 알지니 너희가 십자가에 못 박은 이 예수를 하나님이 주와 그리스도가 되게 하셨느니라 하니라 그들이 이 말을 듣고 마음에 찔려 베드로와 다른 사도들에게 물어 이르되 형제들아 우리가 어찌할꼬 하거늘 베드로가 이르되 너희가 회개하여 각각 예수 그리스도의 이름으로 세례침례를 받고 죄 사함을 받으라 그리하면 성령의 선물을 받으리니 이 약속은 너희와 너희 자녀와 모든 먼 데 사람 곧 주 우리 하나님이 얼마든지 부르시는 자들에게 하신 것이라 하고

예수님께서 십자가에 달리신 것은 결국 인간의 죄 때문이었습니다. 즉 우리 때문에 예수님께서는 몸 찢기고 피 흘리는 고난을 견디셔야 했던 것입니다. 베드로는 무리 앞에서 이러한 복음을 전했습니다. 그리고 그 말을 들은 무리가 마음에 찔려 "그럼 우리가 어찌할까?" 하고 묻자 베드로는 "죄 사함을 받으라"고 전했습니다.

모든 사람은 죄인으로 태어납니다. 살다 보면 잘못된 길로 들어서기도 하고 세상과 타협하기도 합니다. 또한 시기와 질투, 원망과 불평 그리고 분노가 쌓이기도 합니다. 그런 상태로 우리가 십자가 앞에 섰을 때, 우리는 당당할 수가 없습니다. 예수님의 손에 못을 박은 것도 우리요, 채찍질한 것도 우리입니다.

물론 좋으신 예수님은 그런 우리를 원망하지 않으십니다. 오히려 사랑으로 감싸 주시고 그 피로 우리의 모든 죄를 씻어 친구 삼아 주십니다. 그러므로 우리는 날마다 십자가 앞에서 깨어지고 십자가의 피로 죄사함을 받아야 할 것입니다.

나눔의 시간

예수님께서 나를 대신해 십자가에 달리셨다는 사실이 남다른 감격으로 다가왔던 경험이 있습니까? 그러한 경험이 있다면 함께 나눠 봅시다.

결단의 시간

예수님을 십자가에 못 박았던 나의 죄인 된 모습을 인정하고, 늘 십자가를 바라보며 깨어진 마음으로 주님 앞에 나갈 것을 결단합시다.

함께하는 기도

하나님 아버지, 주님 앞에서 거룩하지 못했던 것과 이웃을 사랑하지 못했던 모든 것을 회개합니다. 십자가를 바라보며 모든 죄악으로부터 돌이키는 삶을 살 수 있도록 인도해 주옵소서. 나를 용서해 주시니 감사합니다. 예수님의 이름으로 기도합니다. 아멘.

암송 말씀

> 베드로가 이르되 너희가 회개하여 각각 예수 그리스도의 이름으로 세례(침례)를 받고 죄 사함을 받으라 그리하면 성령의 선물을 받으리니 _사도행전 2:38

주기도문

4월 16일

십자가_ 거듭남

보라 새 것이 되었도다

신앙고백 | 사도신경
찬송 | 407, 421장
본문 말씀 | 고린도후서 5장 16-17절

> 그러므로 우리가 이제부터는 어떤 사람도 육신을 따라 알지 아니하노라 비록 우리가 그리스도도 육신을 따라 알았으나 이제부터는 그같이 알지 아니하노라 그런즉 누구든지 그리스도 안에 있으면 새로운 피조물이라 이전 것은 지나갔으니 보라 새 것이 되었도다

'**거듭난다**'는 것은 말 그대로 '다시 태어난다'라는 뜻입니다. 우리가 예수님의 십자가 대속을 믿고 회개함으로 주님의 자녀가 될 때 우리는 다시 태어난 것입니다. 바울은 이 원리를 '새로운 피조물', '새것'이 되었다고 설명합니다. 새것에는 이전의 모습이 있을 수 없습니다. 단순히 흠이나 때를 닦아낸 것이 아닙니다. 이 말은 누구든지 죄를 회개하고 예수님을 영접하면 죄와 상관 없이 흠 없고 온전한 모습으로 변화된다는 것입니다.

그리스도 안에서 새로운 피조물로 다시 태어난 우리는 이제 더는 죄인이라 불리지 않습니다. 오히려 하나님의 자녀이자 예수님의 친구로 신분이 변화되었습니다. 우리는 항상 이 사실을 기억해야 합니다. 여전히 죄 때문에 마음에 갈등이 있거나, 달라지지 않은 환경에 얽매여 고통당하고 있다면, 우리는 그것들을 떨쳐내고 담대하게 대면해야 합니다. 그리고 우리를 억압하는 문제를 뛰어넘어 환경을 다스리고 주도하는 삶을 살아야 할 것입니다.

나눔의 시간

최근 왠지 소심해지거나 자신이 없어지는 일이 있었습니까? 그때의 상황과 마음 상태에 대해 나눠 봅시다.

결단의 시간

우리는 이제 주님 안에서 새로운 피조물이 되었다는 것을 항상 기억하며, 어떤 상황에서도 당당하고 자신감 있는 태도로 삶을 주도하기로 결단합시다.

함께하는 기도

하나님 아버지, 예수님의 보혈의 능력으로 우리를 거듭나게 하시고 자녀로 삼아 주셔서 감사합니다. 이제 우리는 새롭게 되었으니 더는 죄인의 모습이 아니라 하나님 자녀의 모습으로 담대하게 살아갈 수 있도록 믿음과 용기를 주옵소서. 예수님의 이름으로 기도합니다. 아멘.

암송 말씀

그런즉 누구든지 그리스도 안에 있으면 새로운 피조물이라 이전 것은 지나갔으니 보라 새 것이 되었도다 _고린도후서 5:17

주기도문

4월 17일

십자가_ 거듭남

너를 정죄하지 아니하노니

신앙고백 | 사도신경
찬송 | 279, 283장
본문 말씀 | 요한복음 8장 10-11절

> 예수께서 일어나사 여자 외에 아무도 없는 것을 보시고 이르시되 여자여 너를 고발하던 그들이 어디 있느냐 너를 정죄한 자가 없느냐 대답하되 주여 없나이다 예수께서 이르시되 나도 너를 정죄하지 아니하노니 가서 다시는 죄를 범하지 말라 하시니라

　요한복음 8장을 보면 한 여인이 음행했다는 이유로 서기관과 바리새인들에게 붙들려 예수님 앞에 끌려옵니다. 그 여인은 자칫 돌에 맞아 죽을 판국이었습니다. 그러나 예수님께서는 그녀를 죽이라 하지 않으시고 오히려 "죄 없는 자가 먼저 돌로 치라"는 말씀으로 상황을 마무리하셨습니다.

　사람들로부터 정죄당하고 손가락질을 받으며 끌려온 그 여인은 죄책감, 수치심으로 똘똘 뭉쳐 있었습니다. 그런 그녀에게 예수님께서는 "너를 고발하고 정죄하던 사람은 이제 없다. 나도 너를 정죄하지 않으니 다시는 죄를 범하지 말라"고 말씀하셨습니다. 이는 완전한 용서요, 구원이었습니다.

　예수님은 절대로 우리를 버리지 않으십니다. 예수님은 죄짓고 불의하고 방탕하여 하나님의 품을 떠난 죄인을 구원하는 분이십니다. 우리는 이 큰 은혜를 받은 사람으로서 손에 들었던 원망과 미움을 내려놓고 사랑하고 용서하며 살아야 합니다. 우리 마음에 예수님의 마음을 품어야 합니다.

나눔의 시간

누군가를 이해하고 용서함으로 관계가 회복된 적이 있다면 나눠 봅시다.

결단의 시간

혹시 그동안 이해하지 못했던 가족, 이웃이 있습니까? 이 시간 내 기준과 평가를 내려놓고, 무조건 이해하기로 결단합시다.

함께하는 기도

하나님 아버지, 하나님의 크신 사랑과 예수님의 은혜를 기억하며, 이제 모든 미움을 내려놓고 사랑하고 용서하며 살게 하여 주옵소서. 우리의 남은 삶이 고난에 빠진 이웃을 향해 사랑을 실천하는 삶이 되게 하옵소서. 예수님의 이름으로 기도합니다. 아멘.

암송 말씀

대답하되 주여 없나이다 예수께서 이르시되 나도 너를 정죄하지 아니하노니 가서 다시는 죄를 범하지 말라 하시니라 _요한복음 8:11

주기도문

십자가_ 거듭남

4월 18일

그리스도의 이름으로 일어나 걸으라

신앙고백 | 사도신경
찬송 | 337, 347장
본문 말씀 | 사도행전 3장 6-8절

> 베드로가 이르되 은과 금은 내게 없거니와 내게 있는 이것을 네게 주노니 나사렛 예수 그리스도의 이름으로 일어나 걸으라 하고 오른손을 잡아 일으키니 발과 발목이 곧 힘을 얻고 뛰어 서서 걸으며 그들과 함께 성전으로 들어가면서 걷기도 하고 뛰기도 하며 하나님을 찬송하니

성전 미문에는 항상 병든 자, 구걸하는 자, 도움을 기대하는 자들로 가득했습니다. 하루는 베드로와 요한이 그곳을 지나가다가 나면서부터 앉은뱅이인 사람을 만났습니다. 그는 자신을 지나쳐 가는 베드로와 요한을 붙잡고 구걸했습니다. 그러나 베드로와 요한은 그가 원하는 돈 몇 푼을 쥐어 주는 대신에 "예수 그리스도의 이름으로 일어나 걸으라"고 명령했습니다. 그러자 기적이 일어났습니다. 태어날 때부터 걷지 못했던 그가 벌떡 일어나 걷고 뛰게 되었습니다.

예수님의 이름은 우리를 절망과 근심과 저주의 자리에서 일으켜 세웁니다. 예수님은 자신의 이름을 믿는 모든 자에게 '절대 희망'이 되시기 때문입니다. 그 이름을 부르기만 하면 예수님은 언제나 찾아오셔서 놀라운 기적을 베풀어 주십니다.

일어나 걷게 된 그는 성전을 향해 뛰어들어가 하나님을 찬양했습니다. 이전의 그는 많은 사람이 성전 안에 들어가 하나님을 찬양할 때, 그저 부러워하며 자신의 신세를 한탄했을 것입니다. 그러나 이제 그의 인생은 완전히 뒤바뀌어 새롭게 되었습니다. 혹시 나의 삶이 죄와 저주 가운데 있다고 생각합니까? 우리가 예수님을 믿고 십자가 보혈의 능력을 의지하면 우리의 삶이 완전히 뒤바뀌며, 나아가 영화로운 천국에 들어갈 수 있게 될 것입니다.

나눔의 시간

예수님이 아니면 결코 해결되지 않는 문제로 고통받고 있지는 않습니까? 함께 나눠 봅시다.

결단의 시간

예수 그리스도의 이름의 권세를 사용합시다. 예수님의 이름으로 모든 절망과 근심과 질병에서 회복되었음을 믿음으로 선포합시다.

함께하는 기도

하나님 아버지, 믿음으로 절망과 근심과 질병에서 승리할 수 있도록 우리 삶을 인도해 주옵소서. 우리가 변화된 삶을 살면서 하나님께 영광을 돌릴 수 있기를 원합니다. 예수님의 이름으로 기도합니다. 아멘.

암송 말씀

베드로가 이르되 은과 금은 내게 없거니와 내게 있는 이것을 네게 주노니 나사렛 예수 그리스도의 이름으로 일어나 걸으라 하고 _사도행전 3:6

주기도문

십자가_ 거듭남

4월 19일

이미 목욕한 자

신앙고백 | 사도신경
찬송 | 257, 268장
본문 말씀 | 요한복음 13장 8-10절

> 베드로가 이르되 내 발을 절대로 씻지 못하시리이다 예수께서 대답하시되 내가 너를 씻어 주지 아니하면 네가 나와 상관이 없느니라 시몬 베드로가 이르되 주여 내 발뿐 아니라 손과 머리도 씻어 주옵소서 예수께서 이르시되 이미 목욕한 자는 발밖에 씻을 필요가 없느니라 온 몸이 깨끗하니라 너희가 깨끗하나 다는 아니니라 하시니

　요한복음 13장에는 예수님께서 제자들의 발을 씻겨 주는 장면이 나옵니다. 이는 주님께서 우리의 죄를 씻어 주시는 것을 상징합니다.

　그런데 유독 베드로는 그 상황을 받아들이기 힘들었던 것 같습니다. 그는 예수님께 "왜 주님이 우리의 발을 씻겨 주시는 거냐"고 의아해 하더니, "씻지 않으면 너와 내가 상관없다"는 예수님의 말을 듣고는 "손과 머리도 씻겨 달라"고 합니다. 그런 베드로에게 예수님은 "이미 목욕한 사람은 발만 씻으면 된다"고 말씀하셨습니다.

　'이미 목욕한 자' 란 예수님의 보혈의 은혜로 이미 모든 죄가 해결되어 거듭난 사람을 의미합니다. 물론 한 번 거듭난 사람이라도 이 땅에서 살아가는 동안 이런저런 죄를 지을 수밖에 없습니다. 그러므로 우리는 항상 주님 앞에 나와 더러워진 곳을 내밀어 씻음 받고, 영적으로 깨끗한 상태를 유지해야 합니다.

　우리는 '나는 왜 계속 죄를 짓는 걸까?' 라며 죄책감에 시달리지 않아도 됩니다. '구원받은 사실이 없어지진 않을까?' 하며 두려워할 필요도 없습니다. 우리는 '이미 목욕한 자'라는 사실을 잊지 말고 늘 주님 앞에 엎드려 회개하며 보혈의 능력을 의지하는 삶을 살면 되는 것입니다.

나눔의 시간

혹시 '이렇게 죄를 많이 짓다가는 구원받지 못하고 천국에 못 가는 것이 아닐까?' 하며 고민했던 적이 있습니까?

결단의 시간

우리는 '이미 목욕한 자'입니다. 괜한 죄책감은 버리고 늘 주님 앞에 나와 거룩한 삶을 살기로 결단합시다.

함께하는 기도

하나님 아버지, 우리의 모든 죄를 이미 씻으시고 친구 삼아 주심에 감사합니다. 우리가 어떤 죄를 짓든지 예수님 앞에 나올 수 있도록 이끌어 주시고, 결코 예수님을 떠나 살지 않도록 붙들어 주옵소서. 예수님의 이름으로 기도합니다. 아멘.

암송 말씀

> 예수께서 이르시되 이미 목욕한 자는 발밖에 씻을 필요가 없느니라 온 몸이 깨끗하니라 너희가 깨끗하나 다는 아니니라 하시니 _요한복음 13:10

주기도문

십자가_ 거듭남

4월 20일

내 삶의 주인

신앙고백 | 사도신경
찬송 | 324, 348장
본문 말씀 | 마태복음 12장 43-45절

> 더러운 귀신이 사람에게서 나갔을 때에 물 없는 곳으로 다니며 쉬기를 구하되 쉴 곳을 얻지 못하고 이에 이르되 내가 나온 내 집으로 돌아가리라 하고 와 보니 그 집이 비고 청소되고 수리되었거늘 이에 가서 저보다 더 악한 귀신 일곱을 데리고 들어가서 거하니 그 사람의 나중 형편이 전보다 더욱 심하게 되느니라 이 악한 세대가 또한 이렇게 되리라

　　구원의 확신을 얻고 성령 충만한 신앙생활을 하다가도 어느새 예전의 모습으로 돌아가는 사람이 있습니다. 교회에서 이런저런 일들로 시험에 들기도 하고, 세상적인 유혹을 이기지 못하기도 합니다. 어떤 사람은 사람에게 상처 받고 시험에 들어 신앙을 버리고 교회를 떠나 하나님을 멀리하며 살아갑니다.

　　우리가 하나님을 만나고 구원의 확신을 얻었으면 올바른 신앙생활을 통해 우리 마음을 항상 거룩하고 깨끗하게 지켜야 합니다. 예수님은 한 번 사탄에게서 해방되었던 사람에 대해 말씀합니다. 그는 자신을 옭아맸던 사탄을 떨쳐내고 마음의 방을 깨끗하게 청소해 놓고 있었습니다. 그런데 그는 청소된 마음의 방에 하나님을 모시지 않았습니다. 은혜를 입고도 마음을 지키지 못한 것입니다. 결국 그에게서 나갔던 귀신이 더 악한 귀신 일곱을 데리고 오는 바람에 그의 형편은 전보다 더 좋지 않게 되었습니다.

　　마음을 거룩하게 지키는 것은 쉬운 일이 아닙니다. 항상 보혈의 능력을 의지하며 우리 마음의 방을 깨끗하게 유지해야 합니다. 그리고 그 안에 우리 삶의 주인 되시는 주님을 늘 모셔 들이고 영광 돌리는 삶을 살아야 합니다.

나눔의 시간

예수님을 만나는 시간보다 나를 더 즐겁게 하는 것이 있습니까? 혹시 그 유혹으로부터 내 마음을 거룩하게 지키기 위해 노력하고 있다면 함께 나눠 봅시다.

결단의 시간

우리는 이미 십자가 사랑을 깨닫고 구원의 은혜를 받았습니다. 언제나 마음을 거룩하게 지키며 좋으신 예수님을 우리 삶의 주인으로 삼을 것을 결단합시다.

함께하는 기도

하나님 아버지, 예수님의 보혈로 우리의 죄악을 청산하시고, 내 삶의 참 주인으로 와 주심을 감사합니다. 세상의 허탄한 것들로 가득찬 내 마음의 방을 정돈해 주시고 깨끗하게 수리해 주셔서 아름다운 삶을 살게 하옵소서. 예수님의 이름으로 기도합니다. 아멘.

암송 말씀

> 이에 가서 저보다 더 악한 귀신 일곱을 데리고 들어가서 거하니 그 사람의 나중 형편이 전보다 더욱 심하게 되느니라 이 악한 세대가 또한 이렇게 되리라 _마태복음 12:45

주기도문

4월 21일

예수님께서 기뻐하시는 삶

십자가_ 거듭남

신앙고백 | 사도신경
찬송 | 289, 430장
본문 말씀 | 마태복음 7장 17-21절

> 이와 같이 좋은 나무마다 아름다운 열매를 맺고 못된 나무가 나쁜 열매를 맺나니 좋은 나무가 나쁜 열매를 맺을 수 없고 못된 나무가 아름다운 열매를 맺을 수 없느니라 아름다운 열매를 맺지 아니하는 나무마다 찍혀 불에 던져지느니라 이러므로 그들의 열매로 그들을 알리라 나더러 주여 주여 하는 자마다 다 천국에 들어갈 것이 아니요 다만 하늘에 계신 내 아버지의 뜻대로 행하는 자라야 들어가리라

　예수님의 십자가 은혜와 사랑을 처음 깨달을 때 우리 마음에는 감사와 감격이 넘치고 사랑으로 충만하게 됩니다. 우리는 미움과 원망을 내려놓고 회개하며 용서하는 삶을 살아가게 되고, 늘 예수님과 교제하며 가까이 살아갈 것을 다짐합니다.

　그러나 우리는 시간이 지나면서 애초의 다짐이 무색할 정도로 세상의 냉혹한 현실에 다시 한 번 부딪힙니다. 예수님보다는 눈에 보이는 것들을 추구하는 세상의 풍조에 휩쓸려 예수님과의 첫사랑의 열정을 잃게 됩니다. 결국 우리는 감사보다 불평과 불만을 쏟아내고, 열매 맺지 못하는 삶을 살게 됩니다.

　그러나 예수님께서 우리에게 원하시는 삶은 열매 맺는 삶입니다. 우리가 십자가의 은혜를 입었고 예수님을 사랑한다면 이웃을 사랑하고, 가족을 사랑하며, 어디에서나 본이 되는 삶을 살아야 합니다. 또한 다툼보다는 화목을 위해 노력하고, 급하게 화를 내기보다는 온유함으로 참고 자비와 양선을 베풀어야 합니다. 십자가 은혜를 입은 사람은 늘 열매 맺는 삶을 사는 것이 바로 예수님께서 기뻐하시는 삶입니다.

나눔의 시간

성령의 아홉 가지 열매인 사랑, 희락, 화평, 오래 참음, 자비, 양선, 충성, 온유, 절제를 기억하면서 지금 내 삶에 점수를 매겨 봅시다.

결단의 시간

예수님의 십자가 은혜를 입은 자로서 예수님께서 기뻐하시는 삶, 참된 그리스도인으로 열매 맺는 삶을 살기로 결단합시다.

함께하는 기도

하나님 아버지, 우리가 입술로만 예수님께 감사하는 것이 아니라, 삶에서 그 감사를 실천하고 열매 맺는 삶을 살 수 있도록 인도하여 주옵소서. 우리 삶이 예수님을 나타내고 세상에 본이 되기를 원합니다. 예수님의 이름으로 기도합니다. 아멘.

암송 말씀

> 나더러 주여 주여 하는 자마다 다 천국에 들어갈 것이 아니요 다만 하늘에 계신 내 아버지의 뜻대로 행하는 자라야 들어가리라 _마태복음 7:21

주기도문

4월 22일

복음에 빚진 자

신앙고백 | 사도신경
찬송 | 495, 502장
본문 말씀 | 로마서 1장 14-15절

> 헬라인이나 야만인이나 지혜 있는 자나 어리석은 자에게 다 내가 빚진 자라 그러므로 나는 할 수 있는 대로 로마에 있는 너희에게도 복음 전하기를 원하노라

　예수님을 만나기 전 바울은 그리스도인을 핍박하던 사람이었습니다. 심지어는 복음을 전하는 스데반 집사를 죽이기까지 했습니다. 그러던 어느 날 예수님께서는 바울을 부르셨습니다. 그리고 그의 가려졌던 눈을 뜨게 하여 복음의 진리를 알게 하셨습니다.

　그 후로 바울은 이전과는 전혀 다른 삶을 살았습니다. 그는 자신을 '은혜와 복음의 빚을 진 자'라고 칭하며, 사람들에게 예수님의 사랑을 증거하고 그들을 예수님께로 인도하는 것을 평생의 목표로 삼는 삶을 살았습니다. 수치와 고통과 죽음의 위기에도 그는 전도 여행을 멈추지 않았으며, 그 결과 수많은 사람에게 복음을 전하며 교회를 세웠습니다. 은혜와 복음의 빚을 갚기 위한 삶을 살아간 것입니다.

　이 땅에 살아가는 그리스도인은 누구나 예수님께 복음의 빚을 진 자들입니다. 우리를 대신해 예수님께서 십자가에서 죽으셨으니 우리 역시 그 빚을 갚으며 살아가야 합니다. 복음의 빚을 갚는 방법은 그 복음을 증거하고 주님의 은혜를 나누는 삶을 사는 것입니다. 은혜를 먼저 누리고 있는 자로서 복음을 담대하게 전하며 매 순간 구원을 주시는 하나님의 능력을 경험하며 살아야 합니다.

나눔의 시간
예수님의 십자가 사랑을 사람들에게 전해 본 적이 있습니까? 그때의 상황과 마음이 어떠했는지 함께 나눠 봅시다.

결단의 시간
그리스도인은 복음의 빚을 진 자로서 예수님의 십자가 사랑을 전하는 삶을 살아야 합니다. 우리가 할 수 있는 전도의 방법을 정하고 행동에 옮길 것을 결단합시다.

함께하는 기도
하나님 아버지, 우리 가족이 십자가 은혜를 늘 기억하며 하나님께 영광 돌리는 삶을 살아가기 원합니다. 담대하게 복음을 전할 수 있도록 지혜와 용기를 주옵소서. 예수님의 이름으로 기도합니다. 아멘.

암송 말씀
> 헬라인이나 야만인이나 지혜 있는 자나 어리석은 자에게 다 내가 빚진 자라
> _로마서 1:14

주기도문

4월 23일

십자가_ 거듭남

자기 십자가를 지고

신앙고백 | 사도신경
찬송 | 449, 461장
본문 말씀 | 마가복음 8장 34-35절

> 무리와 제자들을 불러 이르시되 누구든지 나를 따라오려거든 자기를 부인하고 자기 십자가를 지고 나를 따를 것이니라 누구든지 자기 목숨을 구원하고자 하면 잃을 것이요 누구든지 나와 복음을 위하여 자기 목숨을 잃으면 구원하리라

　예수님께서 받으신 십자가 형벌의 잔혹함 중 하나는 사형수가 못 박혀야 할 나무 형틀을 직접 지고 형을 받을 곳까지 회중 사이를 걸어가야 한다는 것이었습니다. 예수님도 역시 나무 형틀을 지고 골고다 언덕길을 오르셨습니다. 그 길은 그야말로 고난의 길이요, 눈물의 언덕이었습니다.

　그런데 예수님은 "나를 따라오려거든 자기를 부인하고 자기 십자가를 지고 나를 따를 것이니라"고 말씀하십니다. 어떤 사람은 "아니, 예수님을 믿고 따르는 길은 기쁘고 행복한 길이 아닌가? 왜 나에게 고난의 골고다 언덕길을 오르라는 것인가?"라고 물어볼 수 있습니다. 예수님과 동행하는 길은 넓고 편한 길은 아닙니다. '나를 부인한다'는 것은 내 유익보다는 예수님께서 기뻐하실 일, 예수님께서 영광 받으실 일에 집중하는 것이기 때문입니다.

　그러나 신기한 것은 그 길이 우리 눈에는 고난의 길처럼 보여도 그곳에 예수님께서 함께 계시면 그 길이야말로 가장 기쁘고 가치 있는 길이라는 사실입니다. 우리는 예수님과 동행할 때 가장 기쁜 삶을 살 수 있습니다. 그 길이 우리가 살아가는 데 있어 가장 참된 길이요, 행복한 길입니다.

나눔의 시간

예수님의 십자가를 함께 진다는 것은 무엇을 의미할까요? 또한 예수님께서 기뻐하실 일, 예수님께 영광 돌릴 수 있는 일에는 무엇이 있을까요?

결단의 시간

예수님의 십자가를 진다는 것은 나보다 먼저 예수님을 생각하고, 그분의 말씀에 순종하는 것입니다. 예수님과 동행할 때 우리는 이웃을 사랑하고, 복음을 전하며, 작은 예수의 삶을 살 수 있습니다. 이 시간 내 욕심은 내려놓고 예수님과 동행하며 살기로 결단합시다.

함께하는 기도

하나님 아버지, 예수님을 따르는 제자가 되기를 원합니다. 우리가 져야 할 십자가를 질 수 있도록 믿음을 주옵소서. 주님의 뜻을 분별하고, 순종할 수 있는 지혜와 용기를 허락해 주옵소서. 예수님의 이름으로 기도합니다. 아멘.

암송 말씀

무리와 제자들을 불러 이르시되 누구든지 나를 따라오려거든 자기를 부인하고 자기 십자가를 지고 나를 따를 것이니라 _마가복음 8:34

주기도문

십자가_ 거듭남

4월 24일

나의 반석과 피난처

신앙고백 | 사도신경
찬송 | 445, 446장
본문 말씀 | 시편 62편 5-7절

> 나의 영혼아 잠잠히 하나님만 바라라 무릇 나의 소망이 그로부터 나오는도다 오직 그만이 나의 반석이시요 나의 구원이시요 나의 요새이시니 내가 흔들리지 아니하리로다 나의 구원과 영광이 하나님께 있음이여 내 힘의 반석과 피난처도 하나님께 있도다

　우리는 예수님을 믿는다고 하면서 정작 세상의 뜻과 방법에 따라 살아가는 경우가 많습니다. 어떤 사람은 교회에서 봉사나 직분을 권면하면 "지금은 먹고살기도 바쁩니다. 나중에 돈 많이 벌고 한가해지면 그때 봉사하겠습니다"라고 말합니다. 또 어떤 사람은 "내가 지금 계획해 놓은 일이 있는데, 이 일이 끝나면 그때 하나님 일을 하겠습니다"라고 말합니다.

　그뿐만이 아닙니다. 많은 그리스도인이 교회 안에서 갈등과 분쟁이 일어나면 법과 도덕을 운운하며 세상의 방법으로 해결하려고 합니다. 또한 세상 사람들의 눈을 의식하면서 그들에게 칭찬받으려고 노력합니다. 그러나 우리는 어떠한 경우에도 오직 예수님만을 의지하고 바라봐야 합니다.

　삶의 행복은 세상의 명예나 돈, 성적, 인맥, 학벌에 달려 있지 않습니다. 그러한 것들은 우리 삶을 조금 편안하게 만들어 줄 수는 있지만, 우리를 죽음에서 건지지는 못합니다. 다윗은 자신의 인생에서 위기의 순간마다 하나님을 찬양하며 오직 주님만이 자신의 피난처라고 고백했습니다. 자신의 생사화복을 모두 하나님께 맡긴 것입니다. 우리의 삶에서도 다윗과 같은 믿음의 고백이 있어야 할 것입니다.

나눔의 시간

하나님께서 원하지 않으신다는 것을 알면서도 따르게 되는 문화나 규칙이 있습니까? 그때 나는 그 상황을 어떻게 대처하는지 나눠 봅시다.

결단의 시간

오직 주님만이 우리의 힘이요 반석과 피난처가 되심을 믿음으로 고백하고, 그리스도인으로서 세상과 타협하지 않는 삶을 살기로 결단합시다.

함께하는 기도

하나님 아버지, 오직 주님만이 내 힘의 반석과 피난처가 되심을 고백합니다. 우리가 세상의 욕망과 주님의 뜻 사이에서 타협하지 않고, 오직 주님만을 바라보고 의지하며 살아가게 하옵소서. 예수님의 이름으로 기도합니다. 아멘.

암송 말씀

오직 그만이 나의 반석이시요 나의 구원이시요 나의 요새이시니 내가 흔들리지 아니하리로다 _시편 62:6

주기도문

4월 25일

십자가_ 거듭남

나는 날마다 죽노라

신앙고백 | 사도신경
찬송 | 311, 321장
본문 말씀 | 고린도전서 15장 31-34절

> 형제들아 내가 그리스도 예수 우리 주 안에서 가진 바 너희에 대한 나의 자랑을 두고 단언하노니 나는 날마다 죽노라 내가 사람의 방법으로 에베소에서 맹수와 더불어 싸웠다면 내게 무슨 유익이 있으리요 죽은 자가 다시 살아나지 못한다면 내일 죽을 터이니 먹고 마시자 하리라 속지 말라 악한 동무들은 선한 행실을 더럽히나니 깨어 의를 행하고 죄를 짓지 말라 하나님을 알지 못하는 자가 있기로 내가 너희를 부끄럽게 하기 위하여 말하노라

이 땅에서의 삶은 한 번뿐인데, 바울은 "나는 날마다 죽는다"라고 말합니다. 이 말의 의미는 무엇일까요?

바울이 이야기한 '죽는다'는 말의 의미는 바울 자신의 생각과 뜻과 의를 죽인다는 뜻입니다. 우리는 얼마나 많은 경우에 자기만의 생각과 기준으로 살아가고 있습니까? 스스로 옳다고 생각하는 대로 살아가지만, 그 결과가 실패로 돌아올 경우 심한 좌절과 낙심에 빠지고 맙니다.

그러나 바울은 "사람의 방법이 아니라 하나님의 방법으로 살아가라"고 권면합니다. 내가 생각한 대로 되지 않는다고 아등바등 근심하면서 살아가지 말고, 모든 것을 하나님께 맡기고 그분의 섭리를 기대하라는 것입니다. 그럴 때에 우리는 매일 나에게 역사하시는 하나님의 섭리와 그분의 은혜를 체험할 수 있습니다. 우리가 하나님 말씀에 매일 순종한다면 일이 잘되어도 하나님

은혜요, 잘되지 않아도 하나님의 계획이니 걱정할 필요가 전혀 없습니다. 바로 이러한 삶의 자세가 십자가의 은혜 안에 살아가는 참된 그리스도인의 모습입니다.

나눔의 시간

잘 풀리지 않는 일 때문에 애를 쓴 적이 있습니까? 어떤 어려움이 있었고, 왜 힘들었습니까? 그때의 마음을 나눠 봅시다.

결단의 시간

예수님을 믿는다고 하면서 그분 앞에 내 의를 드러내며 욕심을 부리는 것은 참된 그리스도인의 자세가 아닙니다. 이 시간 나의 의를 내려놓고 주님의 음성에 귀 기울이며 순종하는 삶을 살기로 결단합시다.

함께하는 기도

하나님 아버지, 지금까지 내 계획, 내 생각대로 살면서 근심하고 화냈던 내 모습을 용서해 주옵소서. 이제 나의 의를 모두 내려놓고 주님의 뜻에 따르는 삶을 살기 원합니다. 예수님의 이름으로 기도합니다. 아멘.

암송 말씀

형제들아 내가 그리스도 예수 우리 주 안에서 가진 바 너희에 대한 나의 자랑을 두고 단언하노니 나는 날마다 죽노라 _고린도전서 15:31

주기도문

4월 26일

십자가_ 거듭남

자랑할 것은 십자가뿐

신앙고백 | 사도신경
찬송 | 216, 452장
본문 말씀 | 갈라디아서 6장 14-15절

> 그러나 내게는 우리 주 예수 그리스도의 십자가 외에 결코 자랑할 것이 없으니 그리스도로 말미암아 세상이 나를 대하여 십자가에 못 박히고 내가 또한 세상을 대하여 그러하니라 할례나 무할례가 아무것도 아니로되 오직 새로 지으심을 받는 것만이 중요하니라

　십자가는 사형틀이었기 때문에 사람들에게 멸시와 천대의 상징이었습니다. 사람들은 십자가를 볼 때마다 핍박과 고난을 떠올려야 했습니다. 그러나 바울은 그 십자가만이 자신의 유일한 자랑이라고 말합니다. 왜냐하면 십자가는 예수님께서 내가 당해야 할 수치와 고난과 죽음을 대속하신 은혜의 상징이기 때문입니다.

　혹시 교회에 다닌다는 이유로 놀림을 받거나 부당한 대우를 받은 적이 있습니까? 아니면 성경 말씀대로 살아가려고 하다가 비난을 받은 적이 있습니까? 세상은 우리가 예수님을 따르고 전할 때 우리를 멸시하거나 무시할 수 있습니다. 그럼에도 우리가 예수님을 증거해야 하는 이유는 십자가의 은혜가 우리 안에 있기 때문입니다.

　십자가 사랑보다 가치 있는 것은 아무것도 없습니다. 따라서 그리스도인의 관심은 예수님의 십자가에 있어야 합니다. 세상의 가치가 아니라 십자가를 통해 구원받은 것을 자랑해야 합니다. 십자가의 은혜를 기억하며 사랑과 거룩함으로 헌신하는 삶을 살아가야 합니다.

나눔의 시간

스스로 가장 자랑스럽게 생각하는 것이 무엇입니까? 함께 나눠 봅시다.

결단의 시간

그리스도인에게는 예수님께로부터 받은 십자가의 은혜가 자랑이 되어야 합니다. 이 시간 모든 것을 내려놓고 오직 십자가만을 자랑하는 신앙인이 될 수 있도록 결단합시다.

함께하는 기도

하나님 아버지, 혹시 지금까지 우리의 삶이 돈이나 명예, 학벌, 성적에 집중되어 있었다면 용서하여 주옵소서. 우리의 중심에 예수님의 십자가를 세우고 그 어떤 것에도 마음을 빼앗기지 않도록 붙잡아 주옵소서. 예수님의 이름으로 기도합니다. 아멘.

암송 말씀

그러나 내게는 우리 주 예수 그리스도의 십자가 외에 결코 자랑할 것이 없으니 그리스도로 말미암아 세상이 나를 대하여 십자가에 못 박히고 내가 또한 세상을 대하여 그러하니라 _갈라디아서 6:14

주기도문

4월 27일

십자가_ 거듭남

나 외에
다른 신이 없나니

신앙고백 | 사도신경
찬송 | 252, 261장
본문 말씀 | 이사야 45장 21-22절

> 너희는 알리며 진술하고 또 함께 의논하여 보라 이 일을 옛부터 듣게 한 자가 누구냐 이전부터 그것을 알게 한 자가 누구냐 나 여호와(야훼)가 아니냐 나 외에 다른 신이 없나니 나는 공의를 행하며 구원을 베푸는 하나님이라 나 외에 다른 이가 없느니라 땅의 모든 끝이여 내게로 돌이켜 구원을 받으라 나는 하나님이라 다른 이가 없느니라

바벨론에 포로로 끌려간 이스라엘 백성은 그곳에서도 하나님을 버리고 우상을 섬겼습니다. 바벨론에는 벨과 느보라는 우상이 있었는데, 이스라엘 백성은 어깨에 이 우상을 메어다가 처소에 두고 섬긴 것입니다. 그러자 하나님은 그들을 향해 "나 외에 다른 신은 없다"고 단호하게 말씀하셨습니다. 즉 그들의 기도에 응답하시고, 그들을 고난에서 구원하시는 분은 하나님 한 분뿐이라는 말씀입니다.

우상을 섬기는 것은 십계명 중 제1계명을 어기는 큰 죄입니다. 그러나 돌아보면, 오늘날에도 우리는 수많은 우상을 섬기고 있습니다. 물질, 명예, 권력, 쾌락 등 하나님보다 더 사랑하는 것이 있다면 그것이 바로 우리에게 우상이 될 수 있습니다.

혹시 우리는 우리의 유일한 구원의 길인 예수님을 뒤로하고 다른 것에 마음을 빼앗기고 있지는 않습니까? 그렇다면 우리는 그것에서 돌아서야 합니다. 하나님께서는 지금도 단호하게 말씀하십니다. '나 외에 다른 신은 없다. 너의 기도를 듣고 너를 구원할 수 있는 신은 나뿐이다. 그러니 마음을 돌이켜라!'

나눔의 시간

하나님 외에 내 마음을 빼앗고 있는 것은 없습니까? 있다면 그것이 무엇인지 솔직히 나눠 봅시다.

결단의 시간

우리를 구원하실 수 있는 분은 오직 하나님뿐입니다. 지금까지 우리의 마음을 사로잡고 시간과 물질을 낭비하게 한 것이 있다면, 이 시간 그것을 내려놓고 하나님께 마음을 돌이키기로 결단합시다.

함께하는 기도

하나님 아버지, 우리 삶의 모든 우상을 버리고 하나님만 바라보기 원합니다. 삶 속에서 하나님보다 더 사랑했던 것이 있다면 다 내려놓을 수 있도록 인도해 주옵소서. 하나님 외에는 그 어떤 것도 우리의 믿음과 신앙을 흔들어 놓지 못하도록 지켜 주옵소서. 예수님의 이름으로 기도합니다. 아멘.

암송 말씀

땅의 모든 끝이여 내게로 돌이켜 구원을 받으라 나는 하나님이라 다른 이가 없느니라
_이사야 45:22

주기도문

십자가_ 거듭남

4월 28일

천국 백성

신앙고백 | 사도신경

찬송 | 240, 242장

본문 말씀 | 요한복음 14장 1-4절

> 너희는 마음에 근심하지 말라 하나님을 믿으니 또 나를 믿으라 내 아버지 집에 거할 곳이 많도다 그렇지 않으면 너희에게 일렀으리라 내가 너희를 위하여 거처를 예비하러 가노니 가서 너희를 위하여 거처를 예비하면 내가 다시 와서 너희를 내게로 영접하여 나 있는 곳에 너희도 있게 하리라 내가 어디로 가는지 그 길을 너희가 아느니라

예수님께서는 십자가에 달리시기 전, 제자들과 마지막 식사를 하시면서 "내가 너희를 위하여 거처를 예비하러 간다"라는 말씀을 남기셨습니다. 상상해 보십시오. 제자들은 예수님이 자신을 구원해 줄 메시아라고 믿고 있었습니다. 그런데 그런 예수님께서 곧 떠난다고 하니 아마도 이 말을 제자들은 이해하기 어려웠을 것입니다.

예수님께서 말씀하신 '거처'는 천국을 의미합니다. 예수님께서는 부활 후 하늘로 다시 가셔서 우리를 위해 천국을 예비하시겠다고 말씀하신 것입니다. 그리고 그 거처를 예비하면 다시 오셔서 우리를 그곳으로 데리고 가시겠다는 말씀까지 남기셨습니다.

예수님을 믿지 않는 사람은 죽음 이후의 삶을 두려워합니다. 그러나 예수님을 믿고 구원의 확신을 얻은 사람은 천국을 기대합니다. 그러므로 우리는 이 땅에서 살아갈 때 천국을 기대하며 살아가야 합니다. 또한 천국 백성이라는 신분을 잊지 말고 살아가야 합니다. 우리에게 천국 백성이라는 확신이 있다면 어떠한 문제나 절망이나 고통도 싸워 승리할 수 있습니다. 우리는 장차 찾아올 영광스러운 내일을 준비하며 마음을 다해 주님을 위해 살아가야 할 것입니다.

나눔의 시간

예수님께서 내일 당장 다시 오신다면 나는 예수님 앞에서 어떤 말과 행동을 할 수 있을지 상상해 봅시다.

결단의 시간

세상에서 어떤 어려움과 시련을 만날지라도 천국 백성이라는 신분을 잊지 않고 그 어려움과 담대히 싸워 이길 것을 결단합시다.

함께하는 기도

하나님 아버지, 우리를 천국 백성으로 불러 주심에 감사합니다. 우리가 이 땅에서 살아갈 때 다시 오실 주님을 믿으며, 천국 백성이라는 신분을 잊지 않고 살아가기 원합니다. 우리의 삶을 언제나 지켜 주시고 선한 길로 인도하여 주옵소서. 예수님의 이름으로 기도드립니다. 아멘.

암송 말씀

가서 너희를 위하여 거처를 예비하면 내가 다시 와서 너희를 내게로 영접하여 나 있는 곳에 너희도 있게 하리라 _요한복음 14:3

주기도문

십자가_ 거듭남

4월 29일

예수님의 흔적

신앙고백 | 사도신경
찬송 | 428, 456장
본문 말씀 | 갈라디아서 6장 16-18절

무릇 이 규례를 행하는 자에게와 하나님의 이스라엘에게 평강과 긍휼이 있을지어다 이 후로는 누구든지 나를 괴롭게 하지 말라 내가 내 몸에 예수의 흔적을 지니고 있노라 형제들아 우리 주 예수 그리스도의 은혜가 너희 심령에 있을지어다 아멘

사도 바울은 자신의 몸에 예수님의 '흔적'이 있다고 고백합니다. 여기에서 흔적이란 헬라어로 '스티그마'라고 하는데, 이는 '육체의 흔적', '낙인'이라는 의미입니다. 이 스티그마는 주로 주종관계나 소유권을 표시할 때 사용했습니다. 예를 들어 귀족은 노예의 귀를 뚫거나 팔에 문신을 새겨 자신의 소유권을 주장했으며, 군인들도 비슷한 방법으로 자신의 몸에 흔적을 만들어 장군이나 임금에 대한 충성을 다짐했습니다.

바울은 이러한 스티그마가 자신의 몸에 있다고 고백했습니다. 즉 자신의 소유권이 예수님께 있음을 인정한 것입니다. 이러한 고백은 예수님을 위해서라면 자신의 생명도 바칠 수 있다는 확고한 다짐이자 충성입니다. 실제로 바울은 주님을 위해서 수고하고 애썼으며, 굶주리고, 헐벗고, 옥에 갇히고, 수없이 많은 매를 맞고, 여러 번 죽을 고비를 넘겼습니다. 이는 자신의 삶이 예수님의 것이라는 분명한 자의식이 있었기 때문에 가능했습니다.

예수 그리스도를 구세주로 인정하고 믿는 우리의 몸에도 예수님의 흔적이 있습니다. 우리는 예수님의 소유이며, 그분은 우리 삶의 주인이 되십니다. 우리는 무엇을 하든 예수님을 위해 해야 하고, 그분의 말씀에 충성을 다해야 합니다. 그때에 우리 삶이 온전해지고 기쁨으로 가득할 수 있습니다.

나눔의 시간

예수님을 기쁘시게 하기 위해 우리가 할 수 있는 일에는 무엇이 있을까요? 한 가지씩 나눠 봅시다.

결단의 시간

그리스도인으로서 나는 그리스도인답게 살아가고 있습니까? 내 삶에서 예수님의 흔적, 예수님의 향기를 나타내며 살아가기를 결단합시다.

함께하는 기도

하나님 아버지, 사도 바울처럼 우리 삶에도 예수님의 흔적이 나타나기를 원합니다. 우리에게 주어진 모든 것이 주님의 것임을 기억하게 하여 주옵소서. 예수님의 영광을 위해서 목숨까지도 바칠 수 있는 믿음과 용기를 주옵소서. 예수님의 이름으로 기도합니다. 아멘.

암송 말씀

이 후로는 누구든지 나를 괴롭게 하지 말라 내가 내 몸에 예수의 흔적을 지니고 있노라
_갈라디아서 6:17

주기도문

4월 30일

십자가_거듭남

세상과 구별된 그리스도인

신앙고백 | 사도신경
찬송 | 455, 430장
본문 말씀 | 빌립보서 3장 10-12절

> 내가 그리스도와 그 부활의 권능과 그 고난에 참여함을 알고자 하여 그의 죽으심을 본받아 어떻게 해서든지 죽은 자 가운데서 부활에 이르려 하노니 내가 이미 얻었다 함도 아니요 온전히 이루었다 함도 아니라 오직 내가 그리스도 예수께 잡힌 바 된 그것을 잡으려고 달려가노라

　사도 바울은 우리에게 그리스도인으로서 세상과 구별되어 살아가라고 말합니다. 또한 예수님을 닮아야 한다고 말합니다. 그러나 현대를 살아가는 사람들에게는 그러한 삶이 무엇인지 막연하게 다가올 수 있습니다. 그런 의미에서 바울의 고백은 우리의 마음에 큰 여운을 남깁니다. 그는 빌립보서 3장 10절에서 "오직 내가 그리스도 예수께 잡힌 바 된 그것을 잡으려고 달려가노라"고 고백합니다. 이는 '이미 예수님께 붙잡혀 있지만 나 역시 그것을 더욱 붙잡기 위해 달려가겠다' 라는 강한 다짐입니다.

　우리의 삶은 더는 실패의 삶도, 절망의 삶도 아닙니다. 그러므로 무기력과 우울함에 빠져 문제를 이기지 못하고 마냥 주저앉아 있는 삶을 살아서는 안 됩니다. 예수님께서는 십자가를 통해 죄와 저주의 문제로부터 우리를 해방해 주셨습니다. 그러므로 우리는 그 권세를 누리며 새 삶을 살아야 합니다.

　우리는 구원받은 사람의 모습으로 살아가야 합니다. 기쁨과 열정으로 주님께 더욱 다가가야 합니다. 모든 문제의 산을 뛰어넘어 승리의 예수님을 전해야 합니다. 그때에 우리는 세상과 구별된 그리스도인으로서의 삶을 살 수 있습니다.

나눔의 시간

세상과 구별된 그리스도인으로 살아가기 위해 노력하고 있는 것이 있습니까? 함께 나눠 봅시다.

결단의 시간

우리는 구원받은 그리스도인입니다. 세상에서 예수님의 향기를 전하며, 구별된 그리스도인으로 살아가기로 결단합시다.

함께하는 기도

하나님 아버지, 우리가 무기력한 신앙생활에서 벗어나 참 자유함을 누리기 원합니다. 세상에 나가 예수님을 닮은 그리스도인, 참된 그리스도인의 삶을 살아갈 수 있도록 인도해 주옵소서. 예수님의 이름으로 기도합니다. 아멘.

암송 말씀

내가 이미 얻었다 함도 아니요 온전히 이루었다 함도 아니라 오직 내가 그리스도 예수께 잡힌 바 된 그것을 잡으려고 달려가노라 _빌립보서 3:12

주기도문

가정_ 용서_ 회복

May...

5월

5월 1일

가정_ 용서_ 회복

성령 충만한 가정

신앙고백 | 사도신경
찬송 | 559, 620장
본문 말씀 | 에베소서 5장 18-21절

> 술 취하지 말라 이는 방탕한 것이니 오직 성령으로 충만함을 받으라 시와 찬송과 신령한 노래들로 서로 화답하며 너희의 마음으로 주께 노래하며 찬송하며 범사에 우리 주 예수 그리스도의 이름으로 항상 아버지 하나님께 감사하며 그리스도를 경외함으로 피차 복종하라

　성령 충만한 교회는 예배와 사랑과 감사와 봉사가 넘칩니다. 그리스도를 사랑하는 마음으로 서로 사랑하고, 헌신하기 때문입니다. 바울은 에베소 교회에 보내는 서신을 통해 "서로 화답하며", "노래하며 찬송하며", "감사하며", "그리스도를 경외함으로 피차 복종하라"고 부탁합니다. 성경적이며 아름다운 교회의 모습입니다.

　그런데 이 권면의 말씀은 모두 "성령으로 충만함을 받으라"는 명령에 종속되어 있습니다. 즉, 서로 화답하고 찬송하며, 감사하고, 복종하는 교회가 되려면 성령 충만해야 한다는 말입니다. 이러한 원리는 가정에도 적용됩니다. 다툼이 없는 가정, 웃음이 끊이지 않는 가정, 하나님을 찬양하는 가정이 되기 위해서는 늘 성령 충만하고 사랑을 실천해야 합니다.

　가족은 하나님께서 우리에게 주신 가장 아름다운 선물입니다. 그렇기 때문에 우리는 하나님을 섬기듯 가족을 섬기고, 늘 성령으로 충만하여 기도와 예배로 하나님께 나아가야 합니다. 그러한 모습이야말로 하나님께서 기뻐하시는 가정을 이루는 가장 아름다운 방법입니다.

나눔의 시간

불편한 마음 때문에 가족에게 짜증을 부리거나 화를 낸 적이 있습니까? 그렇게 반응했던 자신을 돌아보고, 용서를 구하는 시간을 가집시다.

결단의 시간

예배에 성공하는 가정이 삶에서도 평안할 수 있습니다. 성령 충만함이 가정의 행복을 결정짓는 열쇠이기 때문입니다. 가정예배를 통해 우리의 신앙을 점검하며, 서로를 위해 헌신하는 삶을 살기로 결단합시다.

함께하는 기도

하나님 아버지, 우리 가족이 예배에 성공함으로 늘 감사하는 삶을 살고 서로를 위해 헌신하며 봉사할 수 있도록 인도해 주옵소서. 우리 가정이 성령으로 충만해 행복한 가정이 될 수 있도록 역사해 주옵소서. 예수님의 이름으로 기도합니다. 아멘.

암송 말씀

술 취하지 말라 이는 방탕한 것이니 오직 성령으로 충만함을 받으라 _에베소서 5:18

주기도문

5월 2일

가정_ 용서_ 회복

사랑으로
하나 되는 가정

신앙고백 | 사도신경
찬송 | 85, 89장
본문 말씀 | 창세기 2장 21-24절

> 여호와^{야훼} 하나님이 아담을 깊이 잠들게 하시니 잠들매 그가 그 갈빗대 하나를 취하고 살로 대신 채우시고 여호와^{야훼} 하나님이 아담에게서 취하신 그 갈빗대로 여자를 만드시고 그를 아담에게로 이끌어 오시니 아담이 이르되 이는 내 뼈 중의 뼈요 살 중의 살이라 이것을 남자에게서 취하였은즉 여자라 부르리라 하니라 이러므로 남자가 부모를 떠나 그의 아내와 합하여 둘이 한 몸을 이룰지로다

　　하나님께서는 에덴 동산에 홀로 생활하고 있는 아담의 외로움을 보시고 하와를 보내셨습니다. 아담은 하와를 처음 보자마자 그녀를 알아보고 "내 뼈 중의 뼈요 살 중의 살이라"고 말했습니다. 이 말은 단순히 여자가 남자의 일부에서 나왔음을 말하는 것이 아닙니다. 바로 남자와 여자가 만났을 때 나타나는 사랑의 표현입니다.
　여자가 남자의 갈빗대로 만들어졌다는 것은 여자가 남자의 소유라든가, 열등하다는 의미가 아닙니다. 그것은 서로가 서로에게 특별하게 속하고 연결되도록 창조되었다는 것입니다. 즉 사랑하는 두 남녀가 "한 몸을 이룬다"는 말은 전인적인 영육 간의 사귐을 뜻합니다. 그러므로 가정은 가족 구성원 모두가 사랑으로 사귀고, 사랑으로 한 몸을 이루어 나가야 하는 것입니다.
　이처럼 우리가 한 몸을 이루는 가정이 될 수 있는 것은 바로 사랑 때문입니다. 그러므로 행복하고 평안한 가정을 위해서는 사랑이 반드시 필요합니다. 그 사랑이 가정을 친밀하고, 건강하게 만들기 때문입니다.

나눔의 시간

'그래도 우리 가족이 최고!' 라고 남다르게 느껴졌던 때가 있습니까? 함께 나눠 봅시다.

결단의 시간

그동안 서로에게 말하지 못했던 사랑을 표현해 봅시다. 할 수 있는 최대한의 표현으로 감사하는 마음을 고백합시다.

함께하는 기도

하나님 아버지, 우리를 사랑과 행복과 평안이 넘치는 가정으로 창조해 주셔서 감사합니다. 우리가 서로를 사랑함으로 하나님께서 우리에게 허락하신 친밀함의 관계가 회복되기를 원합니다. 이를 위해 서로를 인정하고 존중하며 사랑할 수 있도록 인도해 주옵소서. 예수님의 이름으로 기도합니다. 아멘.

암송 말씀

이러므로 남자가 부모를 떠나 그의 아내와 합하여 둘이 한 몸을 이룰지로다
_창세기 2:24

주기도문

5월 3일

가정_ 용서_ 회복

사랑과 존경

신앙고백 | 사도신경
찬송 | 425, 430장
본문 말씀 | 에베소서 5장 29-33절

> 누구든지 언제나 자기 육체를 미워하지 않고 오직 양육하여 보호하기를 그리스도께서 교회에게 함과 같이 하나니 우리는 그 몸의 지체임이라 그러므로 사람이 부모를 떠나 그의 아내와 합하여 그 둘이 한 육체가 될지니 이 비밀이 크도다 나는 그리스도와 교회에 대하여 말하노라 그러나 너희도 각각 자기의 아내 사랑하기를 자신 같이 하고 아내도 자기 남편을 존경하라

　　바울은 에베소서 5장의 말씀을 통해 아내와 남편에게 전하는 가르침을 마무리합니다. 그 말씀을 두 단어로 요약한다면 '사랑'과 '존경'이라 할 수 있습니다.

　먼저 남편은 아내를 사랑해야 합니다. 그 사랑은 마치 자기 자신을 사랑하듯 소중히 하는 마음입니다. 그리고 예수님께서 교회를 사랑하신 것과 같은 마음엡 5:25입니다. 예수님께서 교회를 사랑하시고 교회를 위해 희생하신 것같이, 남편은 아내를 사랑하고 아내를 위해 희생해야 합니다. 이러한 사랑은 '아가페 사랑'과 같습니다.

　아내는 남편을 존경해야 합니다. 여기에서 존경이라는 단어는 원어로 '포베오'라고 하며, 이는 두려움, 경외, 흠모에 이르기까지 여러 가지 감정을 뜻합니다. 아내들에게 있어 이러한 존경의 마음은 사랑을 할 때 나올 수 있는 반응이자, 하나님께서 허락하신 남편의 '지도력'을 인정해 주고 또한 높여 주는 방법이라 할 수 있습니다.

　가정의 중심에서 가족을 지키고 다스려야 하는 부부로서, 이러한 사랑과 존경의 균형점을 이룰 때 가정은 평안을 누리고 사랑을 지켜갈 수 있습니다.

나눔의 시간

　가족 간에 해서는 안 될 말이나 행동으로 상처를 입은 적이 있습니까? 서로 용서를 구하고 사랑을 고백하는 시간을 가져 봅시다.

결단의 시간

　가까운 사이일수록 서로에 대해 지켜야 할 것들을 지키기 위해 더욱 노력해야 합니다. 부모, 자녀, 형제를 소중하게 여기고 서로 인정하고 높여줄 것을 결단합시다.

함께하는 기도

　하나님 아버지, 하나님으로 말미암아 우리가 서로 존중하는 가정이 되기를 원합니다. 사랑하는 만큼 서로 더욱 아끼고, 존중하는 마음을 갖기 원합니다. 사랑과 순종, 존중이 살아 있는 가정이 될 수 있도록 인도해 주옵소서. 예수님의 이름으로 기도합니다. 아멘.

암송 말씀

그러나 너희도 각각 자기의 아내 사랑하기를 자신 같이 하고 아내도 자기 남편을 존경하라 _에베소서 5:33

주기도문

5월 4일

가정_용서_회복

화목의 열쇠

신앙고백 | 사도신경
찬송 | 325, 327장
본문 말씀 | 에베소서 5장 22-24절

> 아내들이여 자기 남편에게 복종하기를 주께 하듯 하라 이는 남편이 아내의 머리 됨이 그리스도께서 교회의 머리 됨과 같음이니 그가 바로 몸의 구주시니라 그러므로 교회가 그리스도에게 하듯 아내들도 범사에 자기 남편에게 복종할지니라

사도 바울은 부부 사이의 관계를 말하면서, 먼저 아내들을 향해 남편에게 복종할 것을 당부합니다. 이 말씀에 '혹시 여자가 손해 보는 것이 아닌가?'라는 생각이 들 수도 있습니다. 그러나 이는 서열 관계에서 나오는 '복종'과는 다릅니다. 자칫 이 말씀을 '남편은 하늘, 아내는 땅'이라는 뜻으로 생각해 남성 우월주의를 옹호한다고 오해할 수 있지만, 그렇게 받아들여서는 안 됩니다.

부부는 원래 남편과 아내가 하나님 앞에서 동등하게 창조되었습니다. 다만 창조 질서에 따라 남자가 먼저 지음 받고 그다음에 여자가 지음 받았을 뿐입니다. 그러므로 아내는 창조 질서에 따라 남편을 앞세우고, 남편의 뜻을 존중하고 따라 주어야 합니다.

가정을 화목하게 하는 열쇠는 아내에게 있습니다. 남자는 아내가 자기의 뜻을 잘 따라주면 모든 것을 내어 놓을 만큼 아내를 위해서 희생합니다. 남자의 마음에 '내 아내가 나를 이렇게 사랑하고 있고 나를 위해 헌신하고 있구나!' 하는 감동이 들면 그는 더욱 힘과 용기를 내서 가정을 위해 헌신하고 사회에서도 성공합니다. 이처럼 성공한 남편 뒤에는 꼭 남편을 성장시키는 아내가 있습니다.

나눔의 시간

부부 사이에 의견 충돌로 어려움을 겪었던 적이 있습니까? 무슨 일이 있었으며, 그때의 마음이 어땠는지 나눠 봅시다.

결단의 시간

혹시 남편을 존중하지 못하고 무시한 적은 없습니까? 가족을 응원하고 존중하며 감싸줄 수 있는 따뜻한 아내, 어머니가 되기를 결단합시다.

함께하는 기도

하나님 아버지, 우리 가족이 가장을 존중하며 따르기를 원합니다. 하나님께서 가장에게 부어 주신 권위가 회복되고, 하나님의 뜻에 순종하는 지혜로운 아버지이자 남편이 될 수 있도록 인도해 주옵소서. 우리가 그런 아버지와 남편을 섬기고 따를 수 있도록 인도하여 주옵소서. 예수님의 이름으로 기도합니다. 아멘.

암송 말씀

> 아내들이여 자기 남편에게 복종하기를 주께 하듯 하라 _에베소서 5:22

주기도문

5월 5일

가정_ 용서_ 회복

축복의 통로

신앙고백 | 사도신경
찬송 | 407, 410장
본문 말씀 | 에베소서 5장 25-28절

> 남편들아 아내 사랑하기를 그리스도께서 교회를 사랑하시고 그 교회를 위하여 자신을 주심 같이 하라 이는 곧 물로 씻어 말씀으로 깨끗하게 하사 거룩하게 하시고 자기 앞에 영광스러운 교회로 세우사 티나 주름 잡힌 것이나 이런 것들이 없이 거룩하고 흠이 없게 하려 하심이라 이와 같이 남편들도 자기 아내 사랑하기를 자기 자신과 같이 할지니 자기 아내를 사랑하는 자는 자기를 사랑하는 것이라

과거 우리나라 가정은 가부장적인 분위기가 팽배했습니다. 그러다 보니 강압적으로 통솔하려는 가장의 모습이 올바른 남편의 모습이라고 생각하는 경향이 생긴 것 같습니다. 그러나 이러한 모습은 자칫 가정의 화목을 깨트릴 수 있습니다. 남편은 아내를 사랑하고 희생할 수 있어야 합니다. 남편이 아내를 감동시킬 때에 아내 또한 남편을 향한 사랑이 커질 수 있습니다. 가정 안에서 이러한 사랑의 조합이 있을 때 화목한 가정, 사랑이 충만한 가정, 행복한 가정을 이루게 되는 것입니다.

베드로전서 3장 7절은 "남편들아 이와 같이 지식을 따라 너희 아내와 동거하고 그를 더 연약한 그릇이요 또 생명의 은혜를 함께 이어받을 자로 알아 귀히 여기라 이는 너희 기도가 막히지 아니하게 하려 함이라"고 기록하고 있습니다. 남편이 아내를 귀히 여겨야 영적으로도 기도의 막힘이 없을 수 있다는 것입니다. 남편이 아내를 사랑할 때 가정에 축복의 통로가 열리게 됩니다.

나눔의 시간

아내가 언제 가장 고맙고 아름답습니까? 남편은 아내에게, 자녀는 어머니에게 사랑과 감사의 마음을 표현해 봅시다.

결단의 시간

눈에 보이는 아내를 사랑하는 것과 하나님을 사랑하는 것은 매우 밀접한 관계가 있습니다. 하나님을 사랑하는 마음으로 아내와 가정을 사랑하고 섬기기로 결단합시다.

함께하는 기도

하나님 아버지, 남편이자 가장으로서 아내와 가정을 위해 '사랑'을 실천할 것을 결단합니다. 주님을 사랑하듯 아내와 자녀를 사랑하고 섬기겠습니다. 이 마음 가운데 은혜를 베풀어 주시고, 우리 가정을 향한 하나님의 복이 사랑을 통해 나타날 수 있도록 인도해 주옵소서. 예수님의 이름으로 기도합니다. 아멘.

암송 말씀

남편들아 아내 사랑하기를 그리스도께서 교회를 사랑하시고 그 교회를 위하여 자신을 주심 같이 하라 _에베소서 5:25

주기도문

가정_ 용서_ 회복

5월 6일

자녀의 순종

신앙고백 | 사도신경
찬송 | 183, 184장
본문 말씀 | 에베소서 6장 1-3절

> 자녀들아 주 안에서 너희 부모에게 순종하라 이것이 옳으니라 네 아버지와 어머니를 공경하라 이것은 약속이 있는 첫 계명이니 이로써 네가 잘되고 땅에서 장수하리라

요즘 뉴스를 보면 깜짝 놀랄 사건들이 쉬지 않고 등장합니다. 그중에서도 자녀가 부모에게 무력을 가하고 가정을 파괴하는 이야기들은 믿어지지 않을 만큼 끔찍합니다.

하나님께서는 십계명 중 다섯 번째 계명으로 "네 부모를 공경하라"고 말씀하셨습니다. 많은 그리스도인은 십계명을 하나님에 대한 의무 1~4계명와 사람에 대한 의무 5~10계명로 나누고, 부모를 공경하라는 이 계명이 사람과의 관계에 대한 계명이라고 생각하곤 했습니다. 그러나 유대인은 통상 율법의 두 돌판에 각각 다섯 계명이 들어 있다고 가르쳤습니다. 그리고 1계명부터 5계명까지를 하나님에 대한 의무로 보았습니다. 즉 부모를 공경하는 것은 하나님에 대한 의무라는 것입니다. 부모를 공경하지 못한다는 말은 곧 하나님께 순종하지 못했다는 말과 같습니다.

흔히 '이 땅에서의 부모에게도 순종하지 못하면서, 어떻게 하나님께 순종하겠나?'라고 말합니다. 하나님께서는 부모에게 자녀를 양육할 권위를 주셨습니다. 하나님을 섬기는 사람이라면 부모에게 주어진 권위를 인정하고 순종하며 존경해야 합니다.

나눔의 시간

부모의 마음을 상하게 한 적이 있습니까? 그렇다면 용기를 내서 잘못을 고백해 봅시다.

결단의 시간

부모에게 존경하는 마음을 표현한 적이 언제입니까? 하나님께서 주신 부모에게 사랑한다고 고백합시다.

함께하는 기도

하나님 아버지, 하나님의 말씀에 순종하는 자녀가 되기 원합니다. 주님께서 허락하신 귀한 부모에게 순종하지 못했던 죄를 용서해 주옵소서. 부모를 사랑하고 존경하는 마음을 갖고 감사하는 마음을 표현할 수 있도록 인도해 주옵소서. 예수님의 이름으로 기도합니다. 아멘.

암송 말씀

자녀들아 주 안에서 너희 부모에게 순종하라 이것이 옳으니라 _에베소서 6:1

주기도문

5월 7일

가정_ 용서_ 회복

아브라함과 이삭

신앙고백 | 사도신경
찬송 | 265, 309장
본문 말씀 | 창세기 22장 6-10절

> 아브라함이 이에 번제 나무를 가져다가 그의 아들 이삭에게 지우고 자기는 불과 칼을 손에 들고 두 사람이 동행하더니 이삭이 그 아버지 아브라함에게 말하여 이르되 내 아버지여 하니 그가 이르되 내 아들아 내가 여기 있노라 이삭이 이르되 불과 나무는 있거니와 번제할 어린 양은 어디 있나이까 아브라함이 이르되 내 아들아 번제할 어린 양은 하나님이 자기를 위하여 친히 준비하시리라 하고 두 사람이 함께 나아가서 하나님이 그에게 일러 주신 곳에 이른지라 이에 아브라함이 그 곳에 제단을 쌓고 나무를 벌여 놓고 그의 아들 이삭을 결박하여 제단 나무 위에 놓고 손을 내밀어 칼을 잡고 그 아들을 잡으려 하니

하나님께서는 아브라함에게 100세에 낳은 금쪽같은 아들 이삭을 번제로 바치라고 명령하셨습니다. 이러한 명령은 아브라함뿐만 아니라 이삭에게도 어려운 시험이었을 것입니다.

당시 이삭은 그리 어린 나이가 아니었습니다. 여정을 떠날 때의 상황을 보면, 무거운 짐인 번제 나무는 이삭이 지고, 비교적 가벼운 불과 칼은 아브라함이 들었습니다. 힘으로 보면 아브라함과 이삭은 상대가 되지 않았던 것입니다. 그럼에도 이삭은 자신을 결박하는 아브라함에게 반항하지 않았습니다. 아브라함이 제사를 위한 모든 준비를 마친 후에 이삭을 결박했다는 것을 보면, 아브라함이 힘으로 이삭을 결박한 것이 아니라 이삭이 아버지의 말에 순종하여 스스로 결박당했다는 것을 어느 정도 유추해 볼 수 있습니다. 이처럼 이삭은 자신이 죽을지도 모르는 상황에서도 아버지의 말, 무엇보다 하나님 말씀을 더 중요하게 여겼습니다.

이런 이삭의 순종으로 그들은 여호와(야훼) 이레의 하나님을 만났습니다. 또한 아버지 아브라함은 믿음의 조상으로 확증되고 큰 축복을 받았습니다. 그 결과 이삭 자신도 믿음의 족장의 반열에 올라서게 되었습니다.

나눔의 시간

만약 내가 아브라함이었다면, 또는 이삭이었다면 어땠을까요? 서로의 생각과 마음을 나눠 봅시다.

결단의 시간

나이가 들면서 부모의 말보다 친구의 이야기를 더 많이 들을 때가 있습니다. 오늘부터는 부모의 말을 가볍게 여기지 않겠다고 결단합시다. 사랑과 존경의 마음을 담아 부모에게 귀를 기울이겠다고 결단합시다.

함께하는 기도

하나님 아버지, 아브라함에게 무조건 순종했던 이삭처럼, 우리도 부모에게 순종하는 자녀가 되기를 원합니다. 부모를 통해 흘러나오는 복을 누리는 자녀가 되도록 역사해 주옵소서. 이를 위해 부모의 말씀을 경청하고, 따를 수 있도록 듣는 귀를 허락해 주옵소서. 예수님의 이름으로 기도합니다. 아멘.

암송 말씀

> 아브라함이 이르되 내 아들아 번제할 어린 양은 하나님이 자기를 위하여 친히 준비하시리라 하고 두 사람이 함께 나아가서 _창세기 22:8

주기도문

5월 8일

가정_ 용서_ 회복

자녀로서의 도리

신앙고백 | 사도신경
찬송 | 383, 405장
본문 말씀 | 잠언 23장 22-25절

> 너를 낳은 아비에게 청종하고 네 늙은 어미를 경히 여기지 말지니라 진리를 사되 팔지는 말며 지혜와 훈계와 명철도 그리할지니라 의인의 아비는 크게 즐거울 것이요 지혜로운 자식을 낳은 자는 그로 말미암아 즐거울 것이니라 네 부모를 즐겁게 하며 너를 낳은 어미를 기쁘게 하라

요즘에는 가족 간에 서로 허물없이 대하다 보니 종종 자녀가 부모에게 마땅히 지켜야 할 예의마저도 지켜지지 않는 모습을 봅니다. 어떤 자녀는 '우리 부모님은 내가 공경할 수 있는 분이 아니야!' 라며 부모를 무시하고 업신여기기도 합니다.

그러나 우리는 하나님께서 우리에게 보내 주신 부모의 권위에 순종하고, 그 앞에서 경건해야 합니다. 경건하다는 것은 겸손한 모습으로 모든 말과 행동에 신중한 것을 말합니다. 자신의 뜻과 다르다는 이유로 화를 내거나 소리를 지르기 전에 먼저 부모의 말을 경청해야 합니다.

우리는 먼저 나를 낳아 주고 길러 주신 부모를 인정하고 공경하며, 언행을 바로 하고 예의를 갖추어야 합니다. 또한 진실해야 하며 늘 마음을 열고 어떠한 이야기든 나눌 수 있어야 합니다. 부모 앞에서 자신을 감추거나 거짓말로 둘러대지 말고, 부모를 의지하고 마음을 열어 사랑을 표현해야 합니다. 부모의 기쁨이 되는 자녀가 되어야 합니다. 그것이 곧 '효도'이며, 자녀로서 마땅히 갖추어야 할 도리입니다.

나눔의 시간

부모에게 큰 소리를 내고 나서 후회한 적은 없습니까? 부모를 공경하고 존중하고 있습니까?

결단의 시간

친밀한 관계일수록 말을 조심해야 합니다. 너무 가깝기 때문에 쉽게 실수할 수 있기 때문입니다. 겸손과 존경을 담은 대화를 통해 가족 간에 존중하는 문화를 만들어 봅시다.

함께하는 기도

하나님 아버지, 경건한 그리스도인으로 살아가기 원합니다. 우리 가정이 서로 존중하고 사랑하는 문화를 만들기 원합니다. 서로 겸손하게 행동하고, 사랑으로 받아 주는 행복한 가정이 될 수 있도록 인도해 주옵소서. 예수님의 이름으로 기도합니다. 아멘.

암송 말씀

너를 낳은 아비에게 청종하고 네 늙은 어미를 경히 여기지 말지니라 _잠언 23:22

주기도문

5월 9일

가정_ 용서_ 회복

자녀를 노엽게 하지 마라

신앙고백 | 사도신경
찬송 | 446, 453장
본문 말씀 | 골로새서 3장 21절

아비들아 너희 자녀를 노엽게 하지 말지니 낙심할까 함이라

부모는 자녀를 키우면서 몇 가지 실수를 범합니다. 그중 하나가 자녀 앞에서 짜증 섞인 투로 말하거나 필요 이상으로 엄한 체벌을 하는 것입니다. 부부 사이에 다투는 모습을 보이는 것도 그러한 실수 중 하나입니다.

어떤 부모는 '자녀를 올바로 훈육하기 위해 체벌은 마땅히 필요한 것'이라고 생각합니다. 또는 '부모도 감정이 있는 사람인데 어떻게 자녀에게 항상 웃으며 말할 수 있느냐'고 반문하기도 합니다. 그러나 매사에 감정적으로 대처하는 부모의 태도는 자녀의 마음에 씻을 수 없는 상처를 남깁니다.

특히 자녀가 부모로부터 받은 상처는 다른 것에 비해 그 깊이가 깊습니다. 어린 시절 자녀에게 부모는 세상의 전부요, 의지할 수 있는 최고의 버팀목입니다. 그런데 그러한 부모에게 인정받지 못한다고 느끼거나 지나친 징계를 받을 때, 그리고 부모의 도덕적이지 못한 행동을 볼 때 자녀는 혼란을 겪게 됩니다.

부모는 자녀에게 상처를 주지 않도록 노력해야 합니다. 혹시 상처를 주었다면 선물로 그 일을 덮어 버리려고 하거나 적당히 둘러대며 넘겨서는 안 됩니다. 자녀의 인격을 존중하며, 자녀가 낙심하지 않도록 귀 기울이고 회복을 위해 따뜻하게 감싸 주어야 합니다.

나눔의 시간

자녀로서 부모의 행동에 당황했거나, 잊지 못하는 사건이 있습니까? 이 시간 솔직하게 마음을 나눠 봅시다.

결단의 시간

부모로서 자녀를 하나님 형상으로 인정하며 존중하고 있습니까? 혹시 그렇게 하지 못해서 실수한 적은 없습니까? 이 시간 자녀에게 용서를 구하며, 자녀를 존중하기로 결단합시다.

함께하는 기도

하나님 아버지, 자녀를 하나님의 형상으로 인정하지 않고 함부로 대하였던 모든 죄를 고백합니다. 또한 자녀에게 용서를 구하지 못했던 어리석음을 고백합니다. 이 시간 그리스도의 보혈로 우리의 모든 죄를 용서하여 주시고, 자녀가 받았던 상처와 아픔을 치료하여 주옵소서. 예수님의 이름으로 기도합니다. 아멘.

암송 말씀

아비들아 너희 자녀를 노엽게 하지 말지니 낙심할까 함이라 _골로새서 3:21

주기도문

5월 10일

가정_용서_회복

하나님이 너를 사랑한단다

신앙고백 | 사도신경
찬송 | 452, 496장
본문 말씀 | 에베소서 6장 4절

또 아비들아 너희 자녀를 노엽게 하지 말고 오직 주의 교훈과 훈계로 양육하라

하나님께서 부모에게 자녀를 허락하신 이유는 자녀를 하나님의 뜻 안에서 양육하게 하기 위함입니다. 이 말은 곧 자녀의 미래가 부모의 욕심으로 결정되어서는 안 된다는 말입니다. 그렇다면 부모는 자녀를 양육할 때 어떤 방법으로 해야 할까요?

부모는 먼저 하나님께서 주신 자녀의 재능이나 성향을 올바르게 볼 수 있어야 합니다. 자녀는 노래를 부르고 싶어 하거나 그림을 그리기 원하는데도 부모가 무조건 의사가 되어야 한다고 강요한다면, 이는 자녀의 마음에 상처가 되고 아픔이 됩니다. 부모는 자녀의 재능을 인정해 주고 그 재능을 발휘할 수 있도록 도움을 주어야 합니다. 그것이 바로 하나님의 뜻입니다.

또한 부모는 자녀를 위해 항상 기도하며, 하나님의 은혜 안에서 성장할 수 있도록 늘 칭찬과 격려를 해주어야 합니다. "내가 너를 사랑한다", "하나님께서 너를 사랑하신단다"라고 날마다 사랑으로 권면하면서 바로잡아 주어야 합니다. 그럴 때에 자녀가 건강한 하나님의 아들과 딸로 성장할 수 있습니다.

나눔의 시간

이 시간 자녀는 부모에게 장래 희망과 지금 하고 싶은 일이 무엇인지를 말하고, 부모는 자녀의 이야기를 끝까지 듣고 사랑으로 조언해 주는 시간을 가져 봅시다.

결단의 시간

자녀에게 강요와 야단보다는 칭찬과 격려를 아끼지 않는 부모가 되어 주기로 결단합시다. 자녀 또한 부모의 뜻이 내 생각과 다르더라도, 나를 사랑하는 부모의 마음을 먼저 생각할 수 있도록 노력합시다.

함께하는 기도

하나님 아버지, 온 가족이 서로의 생각을 인정하고 나눌 수 있는 가정이 되길 원합니다. 내 뜻보다는 하나님의 뜻과 계획을 겸손하게 받아들일 수 있도록 하시고, 부모는 자녀를, 자녀는 부모를 사랑하고 존중할 수 있도록 인도해 주옵소서. 예수님의 이름으로 기도합니다. 아멘.

암송 말씀

> 또 아비들아 너희 자녀를 노엽게 하지 말고 오직 주의 교훈과 훈계로 양육하라
> _에베소서 6:4

주기도문

5월 11일

가정_용서_회복

인생을 바꾸는 말

신앙고백 | 사도신경
찬송 | 327, 325장
본문 말씀 | 잠언 16장 23-24절

> 지혜로운 자의 마음은 그의 입을 슬기롭게 하고 또 그의 입술에 지식을 더하느니라 선한 말은 꿀송이 같아서 마음에 달고 뼈에 양약이 되느니라

『칭찬은 고래도 춤추게 한다』라는 유명한 책이 있습니다. 책은 베스트셀러를 넘어 스테디셀러가 될 만큼 세계적으로 많은 독자의 사랑을 받았습니다. 제목에서도 알 수 있듯이 책은 칭찬의 힘을 말합니다. 칭찬 한마디가 한 사람의 삶을 바꿀 수 있다는 것입니다.

특히 부모의 말은 자녀에게 큰 영향을 끼칩니다. 부모는 별생각 없이 내뱉은 말이 자녀에게는 평생의 낙심과 좌절이 될 수 있습니다. 어떤 부모는 자녀가 열 가지를 잘해도 한 가지를 못하면 그 못하는 것 한 가지를 꼬집어 야단을 칩니다. 그럴 때 자녀는 '나는 제대로 하는 것 하나도 없는 쓸모없는 인생이구나!' 라고 생각하며 상처를 받고 낙심합니다. 반대로 부모가 잘하는 것 한 가지를 칭찬하면 자녀는 천군만마를 얻은 듯 자신감에 차서 열 가지를 잘하게 됩니다.

자녀 역시 마찬가지입니다. 자녀의 반항이나 거친 행동은 부모 입장에서 몸 일부가 떨어져 나가는 것만 같은 아픔이 될 수 있습니다. 부모는 그 누구라도 자녀를 자신의 몸처럼 아끼고 사랑합니다. 자녀는 그러한 부모의 사랑을 항상 인식하고 감사하며 효도해야 합니다.

나눔의 시간

가족과 대화를 나누다가 어떤 말에 상처받았거나, 반대로 용기를 얻은 적이 있습니까? 상처의 말이 있었다면 서로 용서와 위로를 나누고, 용기를 얻는 말이었다면 감사를 표현해 봅시다.

결단의 시간

누군가를 비난하거나 상처를 주는 말을 자주 사용하지는 않습니까? 혹시 우리에게 잘못된 언어 습관이 있지는 않았는지 되돌아보고 이제부터는 칭찬과 격려의 말을 사용하기로 결단합시다.

함께하는 기도

하나님 아버지, 더욱더 선한 말을 하기 위해 애쓰는 가정이 되기 원합니다. 서로에게 상처 주는 말 대신 칭찬하고 격려하는 말을 사용하기로 결단합니다. 우리 가정이 선한 말로 하나 되고 평안하도록 인도해 주옵소서. 예수님의 이름으로 기도합니다. 아멘.

암송 말씀

선한 말은 꿀송이 같아서 마음에 달고 뼈에 양약이 되느니라 _잠언 16:24

주기도문

가정_ 용서_ 회복

함께함의 기적

신앙고백 | 사도신경
찬송 | 191, 199장
본문 말씀 | 에베소서 4장 4-6절

> 몸이 하나요 성령도 한 분이시니 이와 같이 너희가 부르심의 한 소망 안에서 부르심을 받았느니라 주도 한 분이시요 믿음도 하나요 세례(침례)도 하나요 하나님도 한 분이시니 곧 만유의 아버지시라 만유 위에 계시고 만유를 통일하시고 만유 가운데 계시도다

요즘에는 온 가족이 한자리에 모이기가 쉽지 않습니다. 부모는 맞벌이를 하고 자녀는 학원 일정을 맞추느라 정신이 없습니다. 그러다 보니 부모는 자녀를 돌볼 시간이 마땅치가 않고, 자녀 역시 부모로부터 충분한 사랑과 관심을 받지 못한 채 방황하게 됩니다.

물론 열심히 일하고 공부하는 것은 굉장히 중요합니다. 그러나 만약 세상에서는 성공적인 삶을 사는 것에 반해 가정 안에서는 행복을 누리고 있지 못한다면, 혹시 중요한 것을 잊고 있지는 않은지 되돌아볼 필요가 있습니다.

자녀는 부모의 품에서, 부모의 음성을 들을 때 정서적인 안정을 찾을 수 있습니다. 부부 역시 서로의 마음을 거짓 없이 나누고 대화를 통해 문제를 해결하려 할 때 사이가 더욱 돈독해질 수 있습니다. 어머니는 자녀를 품에 안고 축복과 사랑의 기도를 해주어야 하고, 아버지는 시간을 내어 자녀와 함께하며 든든한 가정의 버팀목으로서 믿음을 안겨 주어야 합니다.

우리는 주님 안에서 한 가족으로 부름 받았습니다. 그렇기 때문에 우리는 서로를 사랑하기 위해 온 힘을 다해 노력해야 하며 함께하는 시간을 가져야 합니다. 그럴 때 비로소 세상에서 작은 예수로서 빛을 발할 수 있습니다.

나눔의 시간

최근 가장 외로웠던 때는 언제였습니까? 그때의 상황을 나눠 봅시다.

결단의 시간

우리 가족은 하루 중 얼마나 많은 시간을 함께하고 있습니까? 하나님께서 우리에게 첫째로 원하시는 것은 화목한 가정을 이루는 것입니다. 하루에 잠시라도 가족이 함께 모여 이야기 나눌 수 있는 시간을 갖기로 결단합시다.

함께하는 기도

하나님 아버지, 우리 가족이 서로 더욱 사랑하며 이해하고 아껴줄 수 있기를 원합니다. 각자의 상황과 일정이 맞지 않더라도 무엇보다 가족과의 시간을 우선순위로 두고 함께할 수 있게 하옵소서. 예수님의 이름으로 기도합니다. 아멘.

암송 말씀

몸이 하나요 성령도 한 분이시니 이와 같이 너희가 부르심의 한 소망 안에서 부르심을 받았느니라 _에베소서 4:4

주기도문

5월 13일

가정_ 용서_ 회복

어머니 요게벳의 믿음

신앙고백 | 사도신경
찬송 | 304, 338장
본문 말씀 | 출애굽기 2장 1-6절

> 레위 가족 중 한 사람이 가서 레위 여자에게 장가 들어 그 여자가 임신하여 아들을 낳으니 그가 잘 생긴 것을 보고 석 달 동안 그를 숨겼으나 더 숨길 수 없게 되매 그를 위하여 갈대 상자를 가져다가 역청과 나무 진을 칠하고 아기를 거기 담아 나일 강 가 갈대 사이에 두고 그의 누이가 어떻게 되는지를 알려고 멀리 섰더니 바로의 딸이 목욕하러 나일 강으로 내려오고 시녀들은 나일 강 가를 거닐 때에 그가 갈대 사이의 상자를 보고 시녀를 보내어 가져다가 열고 그 아기를 보니 아기가 우는지라 그가 그를 불쌍히 여겨 이르되 이는 히브리 사람의 아기로다

모세가 태어난 때는 이스라엘을 탄압하는 애굽의 정책이 극에 달했던 시대로, 애굽은 히브리인의 아들이 태어나면 죽이라는 명령을 내렸습니다.

요게벳은 차마 하나님께서 자신에게 허락한 아들이 죽게 되는 것을 볼 수 없어 아들을 숨겨 키웠습니다. 그러나 석 달이 지나고 아기의 울음소리가 커져 더는 숨길 수 없게 되자 요게벳은 지혜를 발휘했습니다. 바로 갈대 상자에 아기를 넣어 나일 강에 띄운 것입니다.

이러한 요게벳의 결정은 하나님을 향한 웬만한 믿음이 아니고서는 불가능했을 것입니다. 물길이 어디로 향할지 요게벳은 알 수 없었습니다. 그녀는 그 모든 과정을 하나님께 전적으로 맡긴 것입니다. 이는 모세가 하나님의 자녀라는 확신과 함께, 자식의 미래를 하나님께 맡겨 드리는 어머니의 강한 믿음이 있었기에 가능했습니다.

결국 모세는 어머니 요게벳의 지혜로 목숨을 구했을 뿐 아니라, 바로의 딸 눈에 띄어 애굽의 왕자로 양육되었습니다. 게다가 요게벳은 모세의 유모가 되어 모세가 젖을 뗄 때까지 그를 양육할 수 있었습니다. 이처럼 부모의 올바른 믿음과 지혜는 자녀가 하나님의 풍성한 은혜를 경험할 수 있게 합니다.

나눔의 시간

어머니의 태아 일기나, 육아 일기, 자녀의 어린 시절 사진이 있다면 그런 것을 꺼내 보고, 자녀가 태어나며 자라던 때의 이야기를 나눠 봅시다.

결단의 시간

부모로서 자녀를 키우다 보면 뜻처럼 되지 않을 때가 생깁니다. 그러나 그럴 때 자녀를 다그치기 보다는 '하나님의 아들, 딸'이라는 생각으로 자녀를 존중하고 그들을 위해 기도할 것을 결단합시다.

함께하는 기도

하나님 아버지, 우리 딸과 아들을 하나님께 맡겨 드립니다. 나일 강가에 있던 모세를 안전하게 지키셨던 것처럼 우리 딸과 아들을 복된 길로 인도하여 주옵소서. 그래서 하나님의 비전을 성취하는 우리 가족이 될 수 있도록 인도해 주옵소서. 예수님의 이름으로 기도합니다. 아멘.

암송 말씀

> 더 숨길 수 없게 되매 그를 위하여 갈대 상자를 가져다가 역청과 나무 진을 칠하고 아기를 거기 담아 나일 강 가 갈대 사이에 두고 _출애굽기 2:3

주기도문

가정_용서_회복

져 주시는 하나님의 은혜

신앙고백 | 사도신경
찬송 | 301, 310장
본문 말씀 | 창세기 32장 27-28절

> 그 사람이 그에게 이르되 네 이름이 무엇이냐 그가 이르되 야곱이니이다 그가 이르되 네 이름을 다시는 야곱이라 부를 것이 아니요 이스라엘이라 부를 것이니 이는 네가 하나님과 및 사람들과 겨루어 이겼음이니라

야곱은 얍복 나루에서 하나님의 사자와 밤새도록 씨름을 했습니다. 사실 이 싸움의 승패는 누가 보나 하나님의 승리였습니다. 하나님께서는 야곱을 거뜬히 이기실 수 있는 전능하신 분이라는 사실을 우리는 누구나 알고 있습니다. 그러나 결과는 의외였습니다. 하나님께서는 오히려 야곱에게 "네가 하나님과 겨루어 이겼다"고 말씀하시면서 이스라엘이라는 이름을 주셨습니다. 어떻게 이런 일이 가능할까요?

우리는 야곱의 이야기에서 '져 주시는 하나님'을 발견해야 합니다. 하나님은 우리에게 져 주시는 하나님입니다. 이재철 목사는 『새신자반』에서 "하나님 앞에서 우리는 매일 같은 죄를 반복하는 전과 수백 범, 수천 범, 아니 수만 범들이지만, 하나님은 자신의 독생자마저 아끼지 않으시며 우리를 용서하셨다. 이는 '져 주시는 하나님'이시기 때문이다"라고 설명합니다.

주님은 우리에게 져 주시는 하나님이십니다. 하나님은 죄에 빠진 우리를 용서해 주기 원하십니다. 죄인인 우리가 용서받을 수 있는 유일한 근거가 져 주시는 하나님의 은혜임을 잊지 말아야 합니다.

나눔의 시간

져 주시는 하나님처럼 부모도 자녀에게 마지못해 져 주는 경우가 생깁니다. 그러한 경험이 있었다면 당시 상황과 함께 서로 어떤 마음이었는지 나눠 봅시다.

결단의 시간

하나님의 한없이 반복되는 용서를 받았다면, 우리도 그런 용서를 베풀어야 합니다. 지금까지 용서하지 못했던 사람이나 행동이 있습니까? 그것이 어떤 것이든 용서하기로 결단합시다.

함께하는 기도

우리에게 져 주시는 하나님 아버지, 우리의 반복되는 죄를 용서해 주시는 은혜에 감사드립니다. 주님의 그 사랑과 용서에 감사하며, 우리도 남을 용서하는 마음을 갖기 원합니다. 우리의 작은 마음에 주님의 십자가 사랑을 허락해 주옵소서. 예수님의 이름으로 기도합니다. 아멘.

암송 말씀

> 그가 이르되 네 이름을 다시는 야곱이라 부를 것이 아니요 이스라엘이라 부를 것이니 이는 네가 하나님과 및 사람들과 겨루어 이겼음이니라 _창세기 32:28

주기도문

가정_용서_회복

즉시 회개하라

신앙고백 | 사도신경
찬송 | 254, 260장
본문 말씀 | 예레미야 36장 1-3절

> 유다의 요시야 왕의 아들 여호야김 제사년에 여호와_{야훼}께로부터 예레미야에게 말씀이 임하니라 이르시되 너는 두루마리 책을 가져다가 내가 네게 말하던 날 곧 요시야의 날부터 오늘까지 이스라엘과 유다와 모든 나라에 대하여 내가 네게 일러 준 모든 말을 거기에 기록하라 유다 가문이 내가 그들에게 내리려 한 모든 재난을 듣고 각기 악한 길에서 돌이키리니 그리하면 내가 그 악과 죄를 용서하리라 하시니라

용서에 대한 하나님의 가르침은 반드시 회개를 포함하고 있습니다. 성경에서 회개 없이 용서받을 수 있다고 말하는 곳은 어디에도 없습니다. 오히려 성경은 정반대를 말합니다. 성경은 다음 사실을 분명하게 가르칩니다. "너희는 스스로 조심하라 만일 네 형제가 죄를 범하거든 경고하고 회개하거든 용서하라" 눅 17:3 회개는 용서의 전제 조건입니다.

우리가 지은 죄를 회개할 때, 주님께서는 십자가의 보혈로 우리의 죄를 사해 주시고 품에 다시 안아 주십니다. 그러나 마음에 찔림이 다가왔을 때도 회개하지 않고 자꾸 마음이 굳어져서 더 큰 죄를 짓다 보면, 나중에는 돌이킬 수 없는 큰 죄악에 빠지게 됩니다. 그러므로 우리는 매 순간 주님 앞에 나와 회개해야 합니다.

나눔의 시간

누군가에게 기분 나쁜 사과를 받아본 적이 있습니까? 자신의 잘못을 뉘우치고 용서를 구하는 우리의 태도는 어때야 할지 함께 나눠 봅시다.

결단의 시간

스스로 죄를 지었다고 생각을 하면서도 선뜻 회개하지 못할 때가 있습니다. 어디에서 무엇을 하든 하나님 앞에서 떳떳하지 못한 내 모습을 발견한다면 즉시 회개하기로 결단합시다.

함께하는 기도

하나님 아버지, 우리가 아버지께 진심으로 회개하지 못했거나 용서를 구하지 못했던 일이 있었다면 용서해 주옵소서. 그리고 우리가 모르고 지은 죄까지도 모두 회개할 수 있도록 기억하게 하옵소서. 항상 거룩한 모습으로 주님 앞에 나아가길 원합니다. 예수님의 이름으로 기도합니다. 아멘.

암송 말씀

유다 가문이 내가 그들에게 내리려 한 모든 재난을 듣고 각기 악한 길에서 돌이키리니 그리하면 내가 그 악과 죄를 용서하리라 하시니라 _예레미야 36:3

주기도문

5월 16일

가정_용서_회복

내 탓이오

신앙고백 | 사도신경
찬송 | 272, 280장
본문 말씀 | 잠언 28장 13-14절

> 자기의 죄를 숨기는 자는 형통하지 못하나 죄를 자복하고 버리는 자는 불쌍히 여김을 받으리라 항상 경외하는 자는 복되거니와 마음을 완악하게 하는 자는 재앙에 빠지리라

"내 탓이오"라는 말에는 신비한 힘이 있습니다. 이 말은 바로 풀리지 않는 상황과 문제들을 풀어 주는 것입니다. 직장이나 사업장, 가정, 어디에서든 문제가 생겼을 때 "내 탓입니다"라고 말하면 문제는 그 즉시 해결됩니다. 반대로 남 탓을 하고 책임을 전가하려고 하면 할수록 상황은 악화되어서 더 큰 문제를 불러오는 경우를 종종 보게 됩니다.

우리가 "내 탓입니다"라고 말할 수 없는 이유는 무엇일까요? 정말로 잘못이 없어서일 수도 있겠지만, 대부분 그렇게 말하고 나면 상대방에게 내가 지는 것 같다는 마음이 들기 때문일 것입니다. 혹은 뭔가 불이익당할까봐 걱정스러워서일 수도 있습니다.

그러나 하나님의 법칙은 다릅니다. 하나님은 먼저 "내 탓입니다"라고 회개하는 사람에게 용서와 회복을 주십니다. 실제로 공동체에서 문제가 생겼을 때 리더가 앞서 나와 "내 탓입니다"라고 용서를 구할 때 하나님께서는 기적과 회복을 베푸십니다. 세상에서나 가정에서도 마찬가지입니다. 하나님께서는 눈물로 회개할 때 복을 더해 주십니다.

나눔의 시간

어려움에 부닥쳤을 때, 다른 사람을 탓하고 원망하고 험담한 경험이 있습니까? 그것이 문제 해결에 도움이 되었습니까?

결단의 시간

자신이 섬기는 공동체 또는 가정에 문제가 있지는 않습니까? 그 문제에 대한 자신의 책임을 생각해 보고, 먼저 잘못을 인정하고 회개하기로 결단합시다.

함께하는 기도

하나님 아버지, 저의 죄를 다른 사람에게 돌리지 않기 원합니다. 내 잘못을 솔직하게 인정하고 문제를 해결하는 자세를 가지기 원합니다. 우리 가정과 우리가 섬기는 교회와 공동체가 우리의 고백을 통해 새롭게 변화되게 하여 주옵소서. 예수님의 이름으로 기도합니다. 아멘.

암송 말씀

> 자기의 죄를 숨기는 자는 형통하지 못하나 죄를 자복하고 버리는 자는 불쌍히 여김을 받으리라 _잠언 28:13

주기도문

가정_ 용서_ 회복

요셉의 용서

신앙고백 | 사도신경
찬송 | 284, 287장
본문 말씀 | 창세기 50장 18-21절

> 그의 형들이 또 친히 와서 요셉의 앞에 엎드려 이르되 우리는 당신의 종들이니이다 요셉이 그들에게 이르되 두려워하지 마소서 내가 하나님을 대신하리이까 당신들은 나를 해하려 하였으나 하나님은 그것을 선으로 바꾸사 오늘과 같이 많은 백성의 생명을 구원하게 하시려 하셨나니 당신들은 두려워하지 마소서 내가 당신들과 당신들의 자녀를 기르리이다 하고 그들을 간곡한 말로 위로하였더라

요셉의 형들은 아버지 야곱이 죽자 불안했습니다. 자신들의 방패막이였던 아버지가 돌아가셨기 때문에 과거에 자신들이 요셉을 미디안 상인에게 종으로 팔아넘겼던 일에 대해서 요셉이 보복하지 않을까 두려워했습니다. "요셉이 혹시 우리를 미워하여 우리가 그에게 행한 모든 악을 다 갚지나 아니할까" 창 50:15 염려한 것입니다.

그러나 그 일에 대한 요셉의 태도는 분명합니다. "하나님께서 계획하시고 이끄셔서 모든 악을 선으로 바꾸셨는데, 제가 어떻게 주제넘게 하나님을 대신하여 복수하겠습니까?"라고 말합니다. 이뿐만 아니라 요셉은 그의 형제들과 형제들의 자녀의 안전을 보장합니다. 과거의 일 때문에 그들의 관계가 달라지지 않을 것을 분명히 하는 것입니다.

요즘은 참 용서에 대해 각박한 시대입니다. 형제간에 원수가 되어 인연을 끊고 살아가는 사람도 있고, 부모와 자녀가 등을 돌리는 경우도 많습니다. 그러나 우리는 서로 용서를 구하고 용서하며 무너진 관계를 회복해야 합니다. 그리고 우리의 삶은 하나님의 섭리 가운데 있다는 사실을 기억해야 합니다. 이것이 우리가 하나님의 은혜를 누리고 복된 삶을 살아가는 방법입니다.

나눔의 시간

혹시 용서하지 못한 사람이 있습니까? 어떤 상황에서 그에게 상처받았는지 나눠 봅시다.

결단의 시간

우리를 향한 하나님의 섭리가 있음을 믿습니까? 우리의 환난을 선으로 바꾸실 하나님의 은혜를 믿음으로 선포합시다.

함께하는 기도

하나님 아버지, 악을 선으로 바꾸시는 하나님의 섭리를 믿습니다. 또한 우리를 고통에 빠지게 했던 사람을 용서합니다. 무너진 관계가 회복되고 화목이 넘쳐날 수 있도록 역사해 주옵소서. 예수님의 이름으로 기도합니다. 아멘.

암송 말씀

당신들은 나를 해하려 하였으나 하나님은 그것을 선으로 바꾸사 오늘과 같이 많은 백성의 생명을 구원하게 하시려 하셨나니 _창세기 5:20

주기도문

5월 18일

가정_ 용서_ 회복

동이 서에서 먼 것같이

신앙고백 | 사도신경
찬송 | 292, 302장
본문 말씀 | 시편 103편 8-12절

> 여호와야훼는 긍휼이 많으시고 은혜로우시며 노하기를 더디 하시고 인자하심이 풍부하시도다 자주 경책하지 아니하시며 노를 영원히 품지 아니하시리로다 우리의 죄를 따라 우리를 처벌하지는 아니하시며 우리의 죄악을 따라 우리에게 그대로 갚지는 아니하셨으니 이는 하늘이 땅에서 높음 같이 그를 경외하는 자에게 그의 인자하심이 크심이로다 동이 서에서 먼 것 같이 우리의 죄과를 우리에게서 멀리 옮기셨으며

　과거 유대인은 속죄일이 되면 속죄 제물 외에 또 한 마리의 염소를 취해 광야로 보내는 의식을 치렀습니다. 염소의 임무는 이스라엘의 백성이 범한 모든 죄과를 지고 광야로 가는 것입니다. 상징적인 의미이기는 하지만, 이스라엘 백성은 이러한 의식을 통해 한 번 속죄받은 죄는 영원히 먼 곳으로 옮겨져 다시는 돌아오지 않는다고 믿었습니다.

　우리가 회개 기도를 한다는 것은 하나님께서 우리의 죄를 취하여 저 멀리 옮기신다는 것을 의미합니다. 다윗은 우리 죄가 이처럼 옮겨진 것에 감격하여 "동이 서에서 먼 것같이 우리의 죄과를 우리에게서 멀리 옮기셨으며"시103:12라고 고백했습니다.

　혹시 한 번 회개한 죄가 다시 기억나 죄책감으로 하나님께 나아가지 못하는 사람이 있습니까? 하나님께서는 우리의 모든 죄를 용서하셨고 두 번 다시 기억하지 않으시기 때문에, 더는 죄의 문제로 고통받지 않아도 됩니다. 우리의 삶을 묶고 있던 죄와 사망의 사슬은 끊어졌습니다. 우리의 삶의 자리가 죄와 사망에서 하나님의 은혜로 옮겨졌습니다.

나눔의 시간

과거의 실수 때문에 아직도 마음이 어렵습니까? 혹시 그런 것이 있다면 그 일이 왜 지금까지 내 삶에 영향을 주고 있는지 나눠 봅시다.

결단의 시간

우리는 주님의 은혜로 우리의 발목을 잡고 있던 모든 과거로부터 자유함을 얻었습니다. 그러므로 과거의 실수나 상처에서 벗어납시다.

함께하는 기도

하나님 아버지, 우리가 잊지 못하고 있는 허물과 죄를 용서해 주셔서 감사합니다. 우리의 발목을 잡고 있던 아픔 또한 이미 주님께서 해결해 주셨음을 믿습니다. 믿음으로 주 안에서 참 자유를 누릴 수 있도록 인도해 주옵소서. 예수님의 이름으로 기도합니다. 아멘.

암송 말씀

동이 서에서 먼 것 같이 우리의 죄과를 우리에게서 멀리 옮기셨으며 _시편 103:12

주기도문

5월 19일

가정_ 용서_ 회복

용서하라

신앙고백 | 사도신경
찬송 | 250, 342장
본문 말씀 | 누가복음 6장 36-37절

> 너희 아버지의 자비로우심 같이 너희도 자비로운 자가 되라 비판하지 말라 그리하면 너희가 비판을 받지 않을 것이요 정죄하지 말라 그리하면 너희가 정죄를 받지 않을 것이요 용서하라 그리하면 너희가 용서를 받을 것이요

본문에서 사용된 '용서하라'는 단어는 헬라어로 '아폴루오'라고 하며, 이 단어는 '법률적으로 무죄를 선고하다'라는 뜻이 있습니다. 죄를 지은 사람이 유죄가 되는 것으로부터 벗어나게 하는 것이 용서라는 것입니다.

이렇듯이 용서는 죄인을 사랑으로 면죄하는 것입니다. 용서는 다른 사람의 허물을 잊고 덮어 주며 죄책감에서 자유케 하는 큰 은혜를 베푸는 것과 같습니다.

장 칼뱅Jean Calvin은 『기독교 강요』에서 용서를 '우리가 용서하고 사하여 주는 것은 우리 마음속에 있는 모든 분노와 미움과 복수심을 스스로 없애고, 우리가 당한 모든 모욕과 피해를 잊으며, 어느 누구에도 결코 악의를 품지 않는 것'이라고 정의합니다.

우리가 상대방을 용서하면 그 노력은 물론 나에게도 이로운 일이 됩니다. 우리가 죄인을 용서하는 일은 어렵지만 그를 긍휼히 여기고 용서하고 나면, 우리 안에 있는 분노와 원망의 감정이 눈 녹듯 사라지고 참 평안을 얻을 수 있기 때문입니다.

나눔의 시간

계속해서 생각이 나는 아픔이 있습니까? 그때마다 화내고, 나쁜 말을 쏟아내고 있지 않습니까? 자신의 모습을 돌아봅시다.

결단의 시간

주님이 원하시는 용서는 죄에 대해서 무죄를 선고하는 것입니다. 더는 기억해 내거나 거듭 말하지 않기로 결정하는 것입니다. 지금까지 용서하지 못했던 일에 대해 '무죄를 선고하기'로 결단합시다.

함께하는 기도

하나님 아버지, 주님이 원하시는 용서를 실천하기 원합니다. 지금까지 우리의 마음을 지배하던 원망과 복수심을 잊고, 새롭게 출발하기 원합니다. 악의를 버리고 새로운 마음과 사랑을 가질 수 있도록 인도해 주옵소서. 예수님의 이름으로 기도합니다. 아멘.

암송 말씀

> 비판하지 말라 그리하면 너희가 비판을 받지 않을 것이요 정죄하지 말라 그리하면 너희가 정죄를 받지 않을 것이요 용서하라 그리하면 너희가 용서를 받을 것이요
> _누가복음 6:37

주기도문

5월 20일

가정_용서_회복

내가 먼저

신앙고백 | 사도신경
찬송 | 455, 350장
본문 말씀 | 요한복음 15장 12-13절

> 내 계명은 곧 내가 너희를 사랑한 것 같이 너희도 서로 사랑하라 하는 이것이니라 사람이 친구를 위하여 자기 목숨을 버리면 이보다 더 큰 사랑이 없나니

우리는 흔히 '상황을 지켜본 후에' 움직이는 것을 좋아합니다. 봉사를 할 때도 상황을 지켜본 후에 하고, 헌금을 드릴 때도 상황을 지켜본 후에 드립니다. 청년들은 연애도 상황을 지켜본 후에 한다고 합니다. 그러나 지켜보기만 해서는 아무 것도 달라지는 것이 없습니다.

우리는 먼저 변화해야 합니다. 상대방에게 배려를 요구하기 전에 내가 먼저 배려하고, 사랑을 요구하기 전에 먼저 사랑해야 합니다. 예수님께서 우리에게 본으로 보이신 모습이 바로 이와 같은 모습입니다. 예수님께서는 먼저 우리에게 사랑을 보여 주셨습니다. 그리고 그 사랑을 따라 서로 사랑하라고 명령하셨습니다.

우리는 먼저 자신의 변화를 위해 시간을 들이고 노력을 기울여야 합니다. 아내가, 또는 남편이 나에게 어떻게 할까를 살펴보기 전에 먼저 사랑하십시오. 자녀가 얼마나 열심히 노력할까를 지켜보기 전에 먼저 본을 보이십시오. 부모가 얼마나 나를 배려할까를 지켜보기 전에 먼저 마음을 여십시오. 자신은 전혀 새로워지지 않으면서 주위 사람을 지적하고 비난하면 오히려 다툼과

분열이 일어날 뿐입니다. 내가 변하지 않으면 상대방도 변하지 않습니다.

나눔의 시간

다른 이의 지적으로 마음이 상한 적이 있습니까? 이 시간 마음을 털어놓고 화해하는 시간을 가집시다.

결단의 시간

우리 가정의 평안을 위해서 내가 변화되어야 하는 부분은 무엇일까요? 내가 먼저 변화되기로 결정하고 노력합시다.

함께하는 기도

하나님 아버지, 다른 사람의 변화를 기대하기보다 내가 먼저 노력하고 변화되기를 원합니다. 우리 모두가 솔선수범하며 주님의 형상을 닮은 가정으로 변화되게 인도해 주옵소서. 예수님의 이름으로 기도합니다. 아멘.

암송 말씀

> 내 계명은 곧 내가 너희를 사랑한 것 같이 너희도 서로 사랑하라 하는 이것이니라
> _요한복음 5:12

주기도문

5월 21일

가정_용서_회복

용서와 화해를 위한 보상

신앙고백 | 사도신경
찬송 | 384, 390장
본문 말씀 | 잠언 17장 9-10절

> 허물을 덮어 주는 자는 사랑을 구하는 자요 그것을 거듭 말하는 자는 친한 벗을 이간하는 자니라 한 마디 말로 총명한 자에게 충고하는 것이 매 백 대로 미련한 자를 때리는 것보다 더욱 깊이 박히느니라

'시간이 해결해 준다'는 말이 있습니다. 아프고 상처가 되는 기억들은 시간이 지나면 자연스럽게 잊혀진다는 말입니다. 그러나 아무리 시간이 지나도 우리 마음의 상처는 쉽게 해결되지 않습니다. 상처를 준 사람과 상처를 입은 사람 사이에 온전한 용서와 화해가 이루어지기 위해서는 적절한 보상이 필요합니다.

어떤 사건에 대해 가해자와 피해자가 있을 때, 이 둘 사이의 화해가 이루어지려면 적절한 보상 절차가 논의됩니다. 보상이 적절히 이루어지면 피해자는 가해자로부터 받은 피해를 '잊는 데' 도움을 얻습니다. 또한 가해자는 자신이 저지른 일에 대해 책임을 질 수 있게 됩니다.

용서와 화해가 이루어지기 위한 보상에 꼭 물질이 필요한 것은 아닙니다. 잘못을 저지른 사람은 진심으로 사죄하는 마음, 그리고 상처를 받은 사람은 상처 준 사람의 허물을 덮어줄 수 있는 사랑이 있어야 합니다.

🖐 나눔의 시간

과거에 대한 원망으로 힘든 기억이 있습니까? 그 기억 때문에 반복적으로 마음이 상합니까? 그 일에 대해서 마음을 나누는 시간을 가집시다.

🖐 결단의 시간

되풀이되는 싸움이 있습니까? 그 일이 생겨난 원인이 무엇입니까? 그 원인을 찾아 문제를 해결합시다. 적절한 보상을 통해 용서와 화해를 이루도록 결단합시다.

🖐 함께하는 기도

하나님 아버지, 우리 마음에 해결하지 못한 원망, 아픔이 있습니다. 그 일이 우리 마음에 또 다른 상처를 냅니다. 이런 일이 반복되지 않도록 우리를 도와주옵소서. 피해자에게 적절한 보상과 함께 용서를 구하게 하시고, 피해자도 그 일에 대해서 다시 상처받지 않도록 십자가의 보혈의 은혜를 허락해 주옵소서. 예수님의 이름으로 기도합니다. 아멘.

🖐 암송 말씀

> 허물을 덮어 주는 자는 사랑을 구하는 자요 그것을 거듭 말하는 자는 친한 벗을 이간하는 자니라 _잠언 17:9

🖐 주기도문

5월 22일

가정_ 용서_ 회복

진정한 자유

신앙고백 | 사도신경
찬송 | 406, 421장
본문 말씀 | 빌레몬서 1장 17-20절

> 그러므로 네가 나를 동역자로 알진대 그를 영접하기를 내게 하듯 하고 그가 만일 네게 불의를 하였거나 네게 빚진 것이 있으면 그것을 내 앞으로 계산하라 나 바울이 친필로 쓰노니 내가 갚으려니와 네가 이 외에 네 자신이 내게 빚진 것은 내가 말하지 아니하노라 오 형제여 나로 주 안에서 너로 말미암아 기쁨을 얻게 하고 내 마음이 그리스도 안에서 평안하게 하라

빌레몬의 노예 오네시모는 주인 빌레몬의 돈을 훔쳐 도망쳤습니다. 당시에는 노예가 주인의 소유를 훔치면 사형을 당했습니다. 그래서 그는 필사적으로 도망쳤고, 마침내 로마에까지 가서 사도 바울을 만났습니다. 오네시모는 사도 바울을 통하여 복음을 접했습니다. 그리고 변화되어 신실하고 사랑받는 하나님의 일꾼이 되었습니다.

그러던 어느 날 바울은 빌레몬에게 편지를 썼습니다. 요약하면 '당신의 종이었던 오네시모가 이제는 변화되어 하나님 앞에서 귀하게 쓰임 받는 자가 되었으니, 그를 용서하고 받아 주기를 바란다. 오네시모가 훔쳐간 돈이 있으면 내가 대신 갚아 주겠으니 그를 용서해 줄 것을 부탁한다' 는 내용의 편지였습니다.

어떻게 보면 우리가 생각하는 진짜 사랑은 죄를 지어 죽을 수밖에 없는 자를 숨겨 주고 잘못을 덮어 두는 것이라고 생각할 수 있습니다. 그러나 덮어 두고 숨긴다고 해서 죄가 없어지는 것이 아닙니다. 바울은 죄로부터의 진정한 자유가 어디에서 시작하는지 알았기 때문에 빌레몬에게 이러한 편지를 보낼 수 있었던 것입니다.

나눔의 시간

나의 잘못된 행동 때문에 주변 사람들이 힘들어했던 경험이 있습니까? 그때 내가 취했던 방법은 무엇이었는지 나눠 봅시다.

결단의 시간

예수님을 믿기 전, 혹은 오늘 예배 전에 했던 잘못된 행동이 있었다면 지금 그 일을 회개합시다. 그리고 그 일로 상처받았을 사람이 있다면 그에게 용서를 구하기로 결단합시다.

함께하는 기도

하나님 아버지, 우리의 모든 죄를 용서하시고, 우리를 깨끗하게 회복시켜 주시는 주님의 은혜에 감사합니다. 오네시모처럼 꼭 해결해야 하는 일이 있다면, 오늘 이 시간에 용기를 내서 용서를 구할 수 있도록 인도해 주옵소서. 예수님의 이름으로 기도합니다. 아멘.

암송 말씀

> 그가 만일 네게 불의를 하였거나 네게 빚진 것이 있으면 그것을 내 앞으로 계산하라
> _빌레몬서 1:18

주기도문

5월 23일

가정_ 용서_ 회복

사랑의 용서

신앙고백 | 사도신경
찬송 | 292, 300장
본문 말씀 | 요한복음 21장 17절

> 세 번째 이르시되 요한의 아들 시몬아 네가 나를 사랑하느냐 하시니 주께서 세 번째 네가 나를 사랑하느냐 하시므로 베드로가 근심하여 이르되 주님 모든 것을 아시오매 내가 주님을 사랑하는 줄을 주님께서 아시나이다 예수께서 이르시되 내 양을 먹이라

　예수님께서는 자신을 세 번이나 부인한 베드로를 찾아가셨습니다. 아마도 그때 베드로는 자신이 한 일에 대한 죄책감으로 절망에 빠져있었을지도 모르겠습니다. 그런 베드로를 찾으신 예수님은 그에게 "네가 나를 사랑하느냐"라는 질문을 세 번 하셨습니다. 예수님을 세 번 부인한 베드로가 다시 예수님께 세 번 사랑을 고백하게 하심으로, 베드로의 마음의 아픔과 상처를 치료해 주신 것입니다.

　큰 고통과 아픔을 준 사람을 용서한다는 것은 쉬운 일이 아닙니다. 어느 누가 자신을 배신하고 떠난 제자를 다시 찾아가 그를 위로하고 쉽게 용서할 수 있겠습니까? 그러나 예수님은 베드로를 사랑했기에 용서하실 수 있었습니다. 이것이 바로 예수님의 사랑입니다.

　예수님의 용서는 사랑을 담고 있습니다. 우리가 누군가를 진정으로 용서하기 위해서는 예수님의 사랑으로 그를 사랑할 수 있어야 합니다. 그를 용서했다고 말하면서 여전히 그에 대한 미움과 섭섭함을 남겨놓는 것은 진정한 용서가 아닙니다. 먼저 예수님으로부터 위로를 받으십시오. 그리고 그 사랑으로 다른 사람을 용서해야 합니다.

나눔의 시간

가족이나 공동체에서 큰 실수를 했지만 용서받은 적이 있습니까? 그때의 고마움에 대해서 감사하는 마음을 나눠 봅시다.

결단의 시간

예수님의 사랑을 알고 있지만, 아직 용서하지 못한 상처나 미움이 있습니까? 지금 이 시간 용서하기로 결정하고, 사랑으로 용납하기를 결단합시다.

함께하는 기도

하나님 아버지, 연약하고 나약한 우리를 버리지 않으시는 예수님의 사랑을 기억합니다. 그 사랑으로 우리가 우리 자신과 서로를 용납할 수 있도록 인도해 주옵소서. 예수님의 이름으로 기도합니다. 아멘.

암송 말씀

> 세 번째 이르시되 요한의 아들 시몬아 네가 나를 사랑하느냐 하시니 주께서 세 번째 네가 나를 사랑하느냐 하시므로 베드로가 근심하여 이르되 주님 모든 것을 아시오매 내가 주님을 사랑하는 줄을 주님께서 아시나이다 예수께서 이르시되 내 양을 먹이라
> _요한복음 21:17

주기도문

5월 24일

가정_용서_회복

고난 없는 영광은 없다

신앙고백 | 사도신경
찬송 | 391, 384장
본문 말씀 | 이사야 52장 10-13절

> 여호와(야훼)께서 열방의 목전에서 그의 거룩한 팔을 나타내셨으므로 땅 끝까지도 모두 우리 하나님의 구원을 보았도다 너희는 떠날지어다 떠날지어다 거기서 나오고 부정한 것을 만지지 말지어다 그 가운데에서 나올지어다 여호와(야훼)의 기구를 메는 자들이여 스스로 정결하게 할지어다 여호와(야훼)께서 너희 앞에서 행하시며 이스라엘의 하나님이 너희 뒤에서 호위하시리니 너희가 황급히 나오지 아니하며 도망하듯 다니지 아니하리라 보라 내 종이 형통하리니 받들어 높이 들려서 지극히 존귀하게 되리라

성경의 많은 인물에게는 몇 가지 공통점이 있습니다. 그중 하나는 그들이 영광의 자리에 오르기까지 많은 시련을 겪었다는 것입니다. 모세는 이스라엘을 애굽 땅에서 인도해 내기 전 살인자로서 떠돌이 생활을 해야 했고, 요셉은 형들의 손에 노예로 팔려가 모진 고통을 당했습니다. 다윗은 사울 왕에게 쫓겨 광야에서 몸을 숨긴 채 지내야 했으며, 욥은 인간이 살면서 겪게 될 수많은 고난을 견뎌 내야 했습니다.

예수님 역시 공생애를 시작하시기 전에 광야에서 고난의 시간을 보내셨습니다. 그때 사탄은 예수님께 자신에게 절하면 고난 없는 영광을 받을 수 있다고 유혹했습니다. 하지만 예수님께서는 이를 단호히 거절하셨습니다. 그리고 마침내 하나님의 뜻대로 십자가의 고난을 이기시고 우리에게 죄 사함과 치유와 구원과 영생의 복을 누릴 수 있게 하셨습니다.

'고난 없는 영광은 없다'는 말은 우리 삶에도 적용됩니다. 우리가 주님을 위해 살다 보면 눈물로 씨앗을 뿌리는 것 같은 말할 수 없는 고통과 어려움을 겪게 됩니다. 하지만 이 모든 것이 끝나면 우리는 풍성한 은혜와 축복을 거두는 영광을 얻게 될 것입니다.

나눔의 시간

지금 나를 가장 힘들게 하는 것이 무엇입니까? 이 일을 통한 하나님의 계획이 무엇이라고 생각합니까?

결단의 시간

지금 내게 찾아온 고난이 결국에는 하나님의 영광을 얻기 위한 과정임을 믿음으로 선포합시다. 그리고 인내와 소망을 놓지 않기로 결단합시다.

함께하는 기도

하나님 아버지, 고난 없는 영광은 없다는 것을 기억하게 하옵소서. 하나님의 자녀로서 복된 삶을 살아갈 수 있도록 눈물로 씨를 뿌리는 자가 되기를 원합니다. 이러한 과정을 믿음으로 이겨 낼 수 있도록 은혜를 허락해 주옵소서. 예수님의 이름으로 기도합니다. 아멘.

암송 말씀

보라 내 종이 형통하리니 받들어 높이 들려서 지극히 존귀하게 되리라 _이사야 52:13

주기도문

5월 25일

가정_용서_회복

회복을 위한 기도

신앙고백 | 사도신경
찬송 | 364, 365장
본문 말씀 | 사도행전 12장 5-7절

> 이에 베드로는 옥에 갇혔고 교회는 그를 위하여 간절히 하나님께 기도하더라 헤롯이 잡아 내려고 하는 그 전날 밤에 베드로가 두 군인 틈에서 두 쇠사슬에 매여 누워 자는데 파수꾼들이 문 밖에서 옥을 지키더니 홀연히 주의 사자가 나타나매 옥중에 광채가 빛나며 또 베드로의 옆구리를 쳐 깨워 이르되 급히 일어나라 하니 쇠사슬이 그 손에서 벗어지더라

초대 교회 시절, 헤롯왕의 교회 박해가 극심해지면서 예수님의 수제자인 베드로도 감옥에 갇히는 신세가 되었습니다. 베드로는 유월절이 지나면 죽을 운명에 처했고, 성도들은 이를 위해 간절히 기도하기 시작했습니다. 그러자 놀라운 일이 일어났습니다. 베드로가 갇혀 있던 감옥에 천사가 나타나 그를 묶고 있던 사슬을 풀어 주고 탈출할 수 있게 한 것입니다.

삶의 가장 중요한 부분은 바로 '기도'입니다. 특히 사랑하는 사람을 위한 중보 기도는 강한 힘을 갖고 있습니다. 혹시 우리 교회가, 우리 가정이 어려움으로 삐걱거리고 있지는 않습니까? 그럼에도 우리는 여전히 기도의 부재 속에서 상황을 바라보고만 있지는 않습니까?

우리는 삶과 가정, 그리고 우리가 속한 공동체에 어려움이 생기면 가장 먼저 기도해야 합니다. 기도할 수 없는 환경과 상황을 이기고 기도할 수 있도록 노력해야 합니다. 그럴 때 모든 문제는 사라지고 하나님의 축복과 기적이 임하게 될 것입니다.

나눔의 시간

지금 무엇을 위해 기도하고 있습니까? 각자의 기도 제목을 나눠 봅시다.

결단의 시간

어려운 일이 생겼을 때 상황을 불평하거나 비판하기 전에 먼저 기도할 것을 결단합시다. 또한 오늘 나눈 기도 제목을 위해 함께 기도하는 기도의 동역자가 되기로 결단합시다.

함께하는 기도

하나님 아버지, 우리의 기도가 하나님 앞에 상달되고 응답될 것을 믿습니다. 우리가 기도가 필요한 사람들을 위하여 중보 기도할 때 역사해 주셔서, 하나님의 회복의 역사를 경험할 수 있도록 인도해 주옵소서. 예수님의 이름으로 기도합니다. 아멘.

암송 말씀

이에 베드로는 옥에 갇혔고 교회는 그를 위하여 간절히 하나님께 기도하더라
_사도행전 12:5

주기도문

5월 26일

가정_용서_회복

기도의 능력

신앙고백 | 사도신경
찬송 | 379, 478장
본문 말씀 | 요한복음 14장 12-14절

> 내가 진실로 진실로 너희에게 이르노니 나를 믿는 자는 내가 하는 일을 그도 할 것이요 또한 그보다 큰 일도 하리니 이는 내가 아버지께로 감이라 너희가 내 이름으로 무엇을 구하든지 내가 행하리니 이는 아버지로 하여금 아들로 말미암아 영광을 받으시게 하려 함이라 내 이름으로 무엇이든지 내게 구하면 내가 행하리라

기도하는 아내를 이길 남편은 없습니다. 아내가 교회에 나와서 기도하면 남편은 변하게 되어 있습니다. 아내의 믿음에 따라 남편의 믿음이 자라게 되는 것입니다. 이는 남편 역시 마찬가지입니다. 기도하는 남편의 아내는 마침내 하나님을 만나게 됩니다. 믿지 않는 배우자가 있다고 하더라도 실망할 필요가 없습니다.

사람과 상황을 변화시키고 가장 선한 길로 나아갈 수 있게 하는 것이 바로 기도의 힘입니다. 기도는 하나님을 인정하고, 하나님의 방법을 구하며, 하나님께서 일할 수 있도록 하나님께 자리를 내어 드리는 과정입니다. 세상의 주관자이시고 모든 만물의 주인 되시는 하나님, 능치 못하실 것이 없으신 그분께 모든 문제를 맡겨 드리는 것이 기도입니다.

우리는 기도의 용사가 되어 가정을 변화시키고 직장을 변화시켜야 합니다. 기도할 때 기적이 다가오고 기도할 때 축복이 임합니다. 어떤 어려움 속에서도 사람을 두려워하지 말고 담대히 주님의 말씀에 순종하여 기도로 환경을 변화시켜야 합니다.

나눔의 시간

어려운 상황 속에서 기도했을 때 하나님의 강한 임재와 도우심을 경험한 적이 있습니까? 함께 나눠 봅시다.

결단의 시간

기도할 때 가정의 행복이 찾아옵니다. 내 영혼과 가정의 회복을 위한 기도 제목을 정해 놓고, 믿음으로 기도하기로 결단합시다.

함께하는 기도

하나님 아버지, 주님의 이름으로 기도할 때 주님께서 행하신다 하신 말씀을 믿습니다. 우리가 포기하지 않고 기도함으로 믿지 않는 가족이 주님께 돌아오고, 우리가 구한 것에 응답하시는 하나님의 역사를 경험할 수 있도록 인도해 주옵소서. 예수님의 이름으로 기도합니다. 아멘.

암송 말씀

> 너희가 내 이름으로 무엇을 구하든지 내가 행하리니 이는 아버지로 하여금 아들로 말미암아 영광을 받으시게 하려 함이라 _요한복음 14:13

주기도문

5월 27일

가정_ 용서_ 회복

믿음의 손

신앙고백 | 사도신경

찬송 | 490, 496장

본문 말씀 | 마가복음 5장 26-29절

> 많은 의사에게 많은 괴로움을 받았고 가진 것도 다 허비하였으되 아무 효험이 없고 도리어 더 중하여졌던 차에 예수의 소문을 듣고 무리 가운데 끼어 뒤로 와서 그의 옷에 손을 대니 이는 내가 그의 옷에만 손을 대어도 구원을 받으리라 생각함일러라 이에 그의 혈루 근원이 곧 마르매 병이 나은 줄을 몸에 깨달으니라

열두 해 동안 혈루병을 앓던 여인은 수많은 의원을 찾아 다녔으나 낫지는 않고 돈만 허비한 채 병은 더 악화되었습니다. 당시만 해도 혈루병은 부정한 병으로 여겨졌기 때문에 아마도 여인은 가족이나 친구로부터도 버림받았을지 모릅니다. 인간적으로 희망이라고는 눈 씻고 찾아볼 수 없는 깊은 절망 가운데 있던 여인이었습니다. 그러나 그녀에게 유일하게 하나 남아 있는 것이 있었습니다. 바로 '믿음'이었습니다.

'비록 재산도 잃고 가족도 잃고 건강도 잃었지만, 예수님의 옷자락에 손만 대면 나는 나을 거야.' 여인은 이 믿음 하나로 핏기 없는 연약한 몸을 이끌고, 쓰러지고 또 쓰러지면서도 사람들 사이를 헤치고 가서 예수님의 옷자락을 만졌습니다. 그 순간 12년 동안 멈추지 않던 혈루의 근원이 말랐습니다. 병이 나은 것입니다.

하나님의 회복을 경험하려면 우리도 믿음의 손을 내밀어야 합니다. 아무리 변화되지 않을 것 같은 최악의 상황이라도, 회복될 것이라는 믿음으로 기도해야 합니다. 그때에 우리의 인생길을 가로막았던 고통의 벽이 무너질 것입니다.

나눔의 시간

내가 바라는 나의 미래는 어떤 모습인가요? 그 모습대로 이루어질 것을 믿으며 기도하고 있습니까? 우리의 믿음에 대해 함께 나눠 봅시다.

결단의 시간

오늘 우리의 삶 가운데 믿음의 손을 내밀어야 하는 부분은 무엇입니까? 하나님의 은혜로 우리 삶의 문제가 회복되었음을 믿고 담대하게 살아갈 것을 결단합시다.

함께하는 기도

하나님 아버지, 혈루병에서 회복된 여인처럼 우리도 믿음의 손을 내밉니다. 하나님을 향한 우리의 믿음을 삶에서 나타내기 원합니다. 믿음을 표현함으로 하나님의 권능을 경험하도록 인도하시고 역사해 주옵소서. 예수님의 이름으로 기도합니다. 아멘.

암송 말씀

이는 내가 그의 옷에만 손을 대어도 구원을 받으리라 생각함일러라 _마가복음 5:28

주기도문

5월 28일

가정_ 용서_ 회복

우울증 극복하기

신앙고백 | 사도신경
찬송 | 358, 360장
본문 말씀 | 이사야 35장 8-10절

> 거기에 대로가 있어 그 길을 거룩한 길이라 일컫는 바 되리니 깨끗하지 못한 자는 지나가지 못하겠고 오직 구속함을 입은 자들을 위하여 있게 될 것이라 우매한 행인은 그 길로 다니지 못할 것이며 거기에는 사자가 없고 사나운 짐승이 그리로 올라가지 아니하므로 그것을 만나지 못하겠고 오직 구속함을 받은 자만 그리로 행할 것이며 여호와 야훼의 속량함을 받은 자들이 돌아오되 노래하며 시온에 이르러 그들의 머리 위에 영영한 희락을 띠고 기쁨과 즐거움을 얻으리니 슬픔과 탄식이 사라지리로다

최근 들어 유명인들의 자살 소식을 종종 듣습니다. 그럴 때마다 얼마나 사는 것이 힘들었으면 죽음을 택했을까 하는 생각이 들어 마음이 편하지 않습니다. 그들의 자살은 대부분 우울증으로 인한 경우가 많습니다. 그만큼 현대인들이 겪는 스트레스와 우울증은 사회적으로도 심각한 상황에 놓여 있습니다.

우울증을 극복하기 위해서는 하나님이 주시는 기쁨을 사모해야 합니다. 기쁨은 우울증과 슬픔을 몰아내어 몸과 마음을 치료해 줍니다. 기쁨은 날마다 우리를 새롭게 하며 영, 혼, 육을 강건하게 만듭니다. 그래서 기쁨으로 무장한 사람들은 어떤 문제나 어려움을 만나도 넉넉히 이기고 승리할 수 있는 것입니다.

우리는 주님 안에 있을 때 참된 기쁨을 얻을 수 있습니다. 예수님께서 부어 주시는 기쁨은 세상 어디에도 없는, 형언할 수 없는 기쁨입니다. 우리가 성령으로 충만할 때 참된 기쁨이 우리 마음에서 샘물처럼 솟아납니다. 그럴 때에 우리 삶에 슬픔과 탄식이 사라지고 어떤 어려움도 이길 수 있는 힘과 능력이 생기게 됩니다.

나눔의 시간

아무런 이유 없이 우울해질 때가 있습니다. 주로 어떤 때 그런 기분이 듭니까? 그리고 그런 마음이 들 때 어떻게 우울함을 극복하는지 함께 나눠 봅시다.

결단의 시간

기쁨은 몸과 마음을 치료합니다. 기쁨을 누리려면 성령으로 충만해야 합니다. 이 시간 성령님을 인정하고 환영하여 내 마음에 모시고 의지함으로 기쁨의 삶을 살 것을 결단합시다.

함께하는 기도

하나님 아버지, 성령님께서 주시는 기쁨을 누리기 원합니다. 성령으로 충만하여 스트레스와 우울증을 극복할 수 있는 기쁨을 허락해 주옵소서. 기쁨으로 강건한 그리스도인의 삶을 살아가기를 기대합니다. 예수님의 이름으로 기도합니다. 아멘.

암송 말씀

> 여호와(야훼)의 속량함을 받은 자들이 돌아오되 노래하며 시온에 이르러 그들의 머리 위에 영영한 희락을 띠고 기쁨과 즐거움을 얻으리니 슬픔과 탄식이 사라지리로다
> _이사야 35:10

주기도문

5월 29일

가정_ 용서_ 회복

무화과나무가 무성하지 못해도

신앙고백 | 사도신경
찬송 | 393, 405장
본문 말씀 | 하박국 3장 17-19절

> 비록 무화과나무가 무성하지 못하며 포도나무에 열매가 없으며 감람나무에 소출이 없으며 밭에 먹을 것이 없으며 우리에 양이 없으며 외양간에 소가 없을지라도 나는 여호와(야훼)로 말미암아 즐거워하며 나의 구원의 하나님으로 말미암아 기뻐하리로다 주 여호와(야훼)는 나의 힘이시라 나의 발을 사슴과 같게 하사 나를 나의 높은 곳으로 다니게 하시리로다 이 노래는 지휘하는 사람을 위하여 내 수금에 맞춘 것이니라

　당장 내일 아침에 일어나 먹을 것이 없고, 입고 나갈 옷이 없고, 생활에 필요한 재정도 바닥이 났다면 우리의 마음은 어떻겠습니까? 아마도 왜 나를 이런 상황에 빠지게 하느냐며 하나님을 원망하게 될지도 모르겠습니다. 하박국 선지자가 활동하던 때 유다의 상황이 이와 비슷했습니다. 하박국 선지자는 유다가 바벨론과의 전쟁에 패하고 결국 아무것도 남지 않을 것을 알고 있었습니다. 당시 유다는 영적으로나 경제적으로 쇠퇴해 가던 절체절명의 위기였습니다.

　그런 가운데서 울려 퍼진 하박국 선지자의 고백은 그야말로 주옥과 같습니다. 그는 아무것도 남지 않는 상황이라도 하나님 때문에 기뻐하며 찬양하겠다고 고백합니다. 그뿐만 아니라 하박국 선지자는 사슴이 힘 있게 산을 뛰어 오르내리는 것같이 하나님께서 유다에게도 새 힘을 주실 것을 믿었습니다. 그는 절망적인 상황 속에서 주님만 바라보며 믿음으로 하나님을 찬양했습니다.

믿음은 어려움을 이기고 기쁨을 얻게 합니다. 어떠한 어려움 속에서도 우리를 지키시고 돌보시는 하나님을 믿는다면, 비록 우리 눈에 희망이 보이지 않더라도 얼마든지 하나님을 찬양하고 기쁨을 누릴 수 있습니다.

나눔의 시간

정말 힘들던 순간에 하나님께 예배드렸던 경험이 있습니까? 그때의 마음이 어땠는지 함께 나눠 봅시다.

결단의 시간

아무리 힘들고 어려워도 하박국 선지자처럼 하나님을 예배해야 합니다. 비록 내가 처한 상황이 힘든 고난의 연속이라 하더라도 곧 고치시고 싸매실 하나님을 믿고 온 힘을 다해 예배하기로 결단합시다.

함께하는 기도

하나님 아버지, 아무리 힘들고 어려워도 하나님만 예배하는 가정이 되기를 소망합니다. 우리 삶 가운데 역사하실 하나님을 믿고 나아갈 수 있도록 인도해 주옵소서. 예배의 감격과 기쁨이 회복되도록 역사해 주옵소서. 예수님의 이름으로 기도합니다. 아멘.

암송 말씀

> 나는 여호와(야훼)로 말미암아 즐거워하며 나의 구원의 하나님으로 말미암아 기뻐하리로다 _하박국 3:18

주기도문

가정_용서_회복

선한 이웃

신앙고백 | 사도신경

찬송 | 315, 320장

본문 말씀 | 누가복음 10장 30-34절

> 예수께서 대답하여 이르시되 어떤 사람이 예루살렘에서 여리고로 내려가다가 강도를 만나매 강도들이 그 옷을 벗기고 때려 거의 죽은 것을 버리고 갔더라 마침 한 제사장이 그 길로 내려가다가 그를 보고 피하여 지나가고 또 이와 같이 한 레위인도 그 곳에 이르러 그를 보고 피하여 지나가되 어떤 사마리아 사람은 여행하는 중 거기 이르러 그를 보고 불쌍히 여겨 가까이 가서 기름과 포도주를 그 상처에 붓고 싸매고 자기 짐승에 태워 주막으로 데리고 가서 돌보아 주니라

한 사람이 여리고로 내려가다가 강도를 만났습니다. 이 사람은 하나님의 품을 떠난 인생을 의미합니다. 그는 사탄이라는 강도를 만나 모든 것을 다 빼앗겼습니다. 우리 주위를 둘러보면 이렇듯 강도를 만난 사람이 많습니다. 가정 문제, 건강 문제, 물질 문제 등의 강도를 만나 고통받고 있습니다.

우리는 그들에게 눈을 돌리고 그들을 돌보아야 합니다. '내가 힘들 때 아무도 나를 돕지 않았는데 뭐……' 라는 강퍅한 마음이 아닌, '어떻게 하면 내가 다른 사람이 어려울 때 도와줄 수 있을까?' 하는 생각을 해야 합니다. 도움이 필요한 사람에게 먼저 찾아가는 사람이 성경에서 말하는 선한 이웃입니다.

선한 사마리아인은 강도 만난 사람을 주막으로 데리고 가서 돌보아 주었을 뿐 아니라, 주막 주인에게 데나리온 둘을 내고, 이후에 돈이 부족하면 그 부족한 부분도 자신이 돌아와 계산하겠다고 약속했습니다. 이러한 모습이 주님께서 그리스도인과 믿음의 공동체에게 진정으로 원하시는 것입니다. 주님은 우리가 도움이 필요한 사람에게 선한 이웃이 되어 하나님의 구원과 회복을 전하는 통로가 되기를 바라십니다.

나눔의 시간

삶의 희망과 기쁨을 전해 준 사람이 있습니까? 특별히 가족 안에서 이러한 경험이 있다면 감사하며 그 고마움을 나눠 봅시다.

결단의 시간

가정이나 우리 주변에 고난의 강도를 만난 사람은 없습니까? 그들에게 필요한 것은 무엇인지 생각해 보고 함께 기도하며 돕기로 결단합시다.

함께하는 기도

하나님 아버지, 우리가 선한 이웃이 되기를 원합니다. 우리 주변에 고난의 강도를 만난 사람을 돌볼 수 있도록 인도해 주옵소서. 주님의 구원과 회복을 보기 원합니다. 베풀 수 있는 마음과 물질을 허락하시고, 믿음과 용기를 주옵소서. 예수님의 이름으로 기도합니다. 아멘.

암송 말씀

어떤 사마리아 사람은 여행하는 중 거기 이르러 그를 보고 불쌍히 여겨 _누가복음 10:33

주기도문

가정_ 용서_ 회복

아버지의 환영

신앙고백 | 사도신경
찬송 | 324, 327장
본문 말씀 | 누가복음 15장 20-24절

> 이에 일어나서 아버지께로 돌아가니라 아직도 거리가 먼데 아버지가 그를 보고 측은히 여겨 달려가 목을 안고 입을 맞추니 아들이 이르되 아버지 내가 하늘과 아버지께 죄를 지었사오니 지금부터는 아버지의 아들이라 일컬음을 감당하지 못하겠나이다 하나 아버지는 종들에게 이르되 제일 좋은 옷을 내어다가 입히고 손에 가락지를 끼우고 발에 신을 신기라 그리고 살진 송아지를 끌어다가 잡으라 우리가 먹고 즐기자 이 내 아들은 죽었다가 다시 살아났으며 내가 잃었다가 다시 얻었노라 하니 그들이 즐거워하더라

집 떠나면 고생이라는 말이 있습니다. 탕자의 비유에 등장하는 둘째 아들 역시 그랬습니다. 그는 아버지의 곁에서 누릴 수 있는 기쁨과 평안을 버리고, 아버지에게 받을 자신의 몫을 모두 챙겨 집을 떠났습니다. 그는 그렇게 하는 것이 지혜로운 것이고, 성공하는 삶의 방법이라고 여겼을지도 모릅니다. 그러나 그가 맞이한 것은 혹독한 세상이었습니다. 결국 그는 극도의 궁핍과 굶주림으로 목숨만 겨우 연명한 채 아버지에게 다시 돌아왔습니다.

아들은 자신의 죄가 너무 커서 이제 아버지의 아들로는 영영 살아갈 수 없다고 생각했던 것 같습니다. 그래서 그는 아버지의 종으로 살아갈 생각까지 했습니다. 그러나 아버지는 달랐습니다. 멀리서 집을 향해 오는 아들이 보이자마자 달려나가 끌어안아 주었습니다. 게다가 죄를 고백하며 회개하는 아들에게 제일 좋은 옷을 입히고 아들의 신분을 다시 회복시켜 주었습니다.

우리가 죄를 뉘우치고 하나님께 다시 돌아간다는 것은 바로 이런 것입니다. 이것이 하나님 아버지를 가장 기쁘게 해드리는 일입니다. 그러므로 삶의 회복이 필요하다면 주님께 돌아가야 합니다. 잃어버렸던 예배와 기도, 말씀의 감동을 회복해야 합니다.

나눔의 시간

부모에게 자녀는 어떤 존재일까요? 부모가 자녀에게 사랑을 고백하고 서로 안아 주며, 사랑의 마음을 표현하는 시간을 가져 봅시다.

결단의 시간

설령 내가 말할 수 없는 죄인인 것같이 느껴진다 하더라도 하나님 아버지 곁에서 떠나지 않을 것을 결단합시다. 또다시 죄를 짓더라도 다시 예배의 자리에 돌아가 하나님께 찬양과 경배를 올려 드릴 것을 약속합시다.

함께하는 기도

하나님 아버지, 탕자와 같은 우리를 용납하시고 회복시키시는 은혜에 감사드립니다. 탕자와 같은 우리의 삶을 돌이키고 회개하며 주님의 은혜를 기억하기 원합니다. 우리의 삶의 방향이 전환될 수 있도록 인도해 주옵소서. 예수님의 이름으로 기도합니다. 아멘.

암송 말씀

> 이에 일어나서 아버지께로 돌아가니라 아직도 거리가 먼데 아버지가 그를 보고 측은히 여겨 달려가 목을 안고 입을 맞추니 _누가복음 15:20

주기도문

June 감사_예배

6월

6월 1일

하나님께 감사하라

신앙고백 | 사도신경
찬송 | 292, 293장
본문 말씀 | 시편 50편 22-23절

> 하나님을 잊어버린 너희여 이제 이를 생각하라 그렇지 아니하면 내가 너희를 찢으리니 건질 자 없으리라 감사로 제사를 드리는 자가 나를 영화롭게 하나니 그의 행위를 옳게 하는 자에게 내가 하나님의 구원을 보이리라

'배은망덕背恩忘德'이라는 말이 있습니다. 우리는 은혜를 끼친 사람에게 도리어 적이 되고자 하는 사람을 향해 배은망덕하다고 말합니다. '불효'가 대표적인 경우입니다. 우리 주위에는 자기를 낳아 주고 길러 주신 부모의 사랑을 깨닫지도 못하고, 도리어 자기 뜻대로 해주지 않는다고 불평하고 대드는 자녀가 많습니다. 그러한 자녀를 둔 가정은 불행합니다.

동양 속담에 '충신은 효자의 집안에서 나온다'는 말이 있습니다. 부모의 은혜를 잊지 않는 자가 충신이 된다는 뜻입니다. 이처럼 부모의 은혜를 잊지 않고 효도하는 사람이 하나님께 충성할 수 있습니다.

예수님께서는 우리의 죄를 대속하시기 위해 사람의 몸을 입고 십자가에 달려 돌아가셨습니다. 이는 우리를 향한 하나님의 크신 사랑이요, 우리에게 부어 주시는 하나님의 넘치는 은혜입니다. 우리는 이러한 하나님의 은혜, 즉 십자가 대속의 은혜를 잊지 말아야 합니다. 하나님의 사랑과 은혜를 마음 깊이 새기고 하나님께 늘 감사해야 합니다. 주님만 생각하면 마음에 사랑과 감동이 넘쳐나는 참 신앙인이 되어야 합니다. 그럴 때 우리는 기쁨이 넘치는 삶을 살 수 있습니다.

나눔의 시간

주님께서 우리 가족에게 주신 은혜들을 생각해 보고 함께 나눠 봅시다.

결단의 시간

하나님의 은혜를 항상 기억하고, 그 은혜에 보답할 수 있는 삶을 살기로 결단합시다.

함께하는 기도

하나님 아버지, 주님의 은혜에 감사하는 신앙을 갖기 원합니다. 우리를 구원하시고, 믿음의 가정으로 세워 주심에 감사합니다. 날마다 주님 앞에 감사함으로 신앙이 성장하는 가정이 되도록 인도해 주옵소서. 예수님의 이름으로 기도합니다. 아멘.

암송 말씀

> 감사로 제사를 드리는 자가 나를 영화롭게 하나니 그의 행위를 옳게 하는 자에게 내가 하나님의 구원을 보이리라 _시편 50:23

주기도문

6월 2일

원망이 감사로

신앙고백 | 사도신경
찬송 | 540, 545장
본문 말씀 | 골로새서 2장 6-7절

> 그러므로 너희가 그리스도 예수를 주로 받았으니 그 안에서 행하되 그 안에 뿌리를 박으며 세움을 받아 교훈을 받은 대로 믿음에 굳게 서서 감사함을 넘치게 하라

도움을 받고도 '감사하다'는 인사를 잘 하지 못하는 사람이 있습니다. 그들을 잘 살펴보면 그 내면에 자격지심이 크게 자리하고 있는 경우가 많습니다. 누군가 자신들에게 도움의 손길을 내밀면 '내가 언제 도와달라고 했나?', '도와주지 않아도 나 혼자 잘할 수 있어'라고 하면서 도움을 거절합니다.

이렇게 마음에 원망과 미움, 상처, 자격지심이 가득하면 은혜를 받고도 감사할 수가 없습니다. 하나님께도 마찬가지입니다. 남에게 무시당하고 짓밟히고 억울한 일을 당했던 과거, 실패하고 버림받았던 과거의 기억을 버리지 못하고 그 상처를 부둥켜안고 있으면 우리는 하나님의 은혜를 받아들일 수 없습니다. '하나님께서 계신데 왜 나를 힘든 상황 중에 그냥 두셨나?' 하면서 오히려 하나님을 원망하게 됩니다.

그러나 시각을 바꿔 보십시오. 나에게 어려운 일들이 있었기에 내가 주님을 알 수 있었고, 주님께 매달릴 수 있었습니다. 그리고 시련을 극복할 수 있었고, 지금의 복을 누릴 수 있게 되었습니다. 시련이 크면 클수록 우리는 더 큰 은혜를 부어 주시는 하나님을 만나게 됩니다. 지금 내가 시련과 고난 가운데 있더라도, 주님께서 곧 좋게 해주실 것을 믿는다면 원망할 필요가 없습니다. 오히려 우리는 그 은혜에 감사할 수 있습니다.

나눔의 시간

당신에게 계속해서 마음을 힘들게 하는 과거가 있습니까? 그 마음을 나누고, 서로를 위해 중보 기도 해주는 시간을 가집시다.

결단의 시간

아직도 해결하지 못한 마음의 원망과 상처가 있었다면 이 시간 하나님 앞에 다 내려놓고, 모든 것을 합력하여 선을 이루시는 하나님께 감사하는 삶을 살기로 결단합시다.

함께하는 기도

하나님 아버지, 비록 과거에 시련이 있었더라도 지금 하나님의 은혜를 깨닫게 하심을 감사합니다. 그리고 이렇게 함께 모여 예배할 수 있는 가정을 허락해 주셔서 감사합니다. 우리가 어떠한 시련 중에도 주님의 사랑과 은혜를 먼저 떠올릴 수 있게 하여 주옵소서. 예수님의 이름으로 기도합니다. 아멘.

암송 말씀

> 그 안에 뿌리를 박으며 세움을 받아 교훈을 받은 대로 믿음에 굳게 서서 감사함을 넘치게 하라 _골로새서 2:7

주기도문

6월 3일

감사_예배

생각의 전환

신앙고백 | 사도신경
찬송 | 430, 440장
본문 말씀 | 시편 136편 4-9절

> 홀로 큰 기이한 일들을 행하시는 이에게 감사하라 그 인자하심이 영원함이로다 지혜로 하늘을 지으신 이에게 감사하라 그 인자하심이 영원함이로다 땅을 물 위에 펴신 이에게 감사하라 그 인자하심이 영원함이로다 큰 빛들을 지으신 이에게 감사하라 그 인자하심이 영원함이로다 해로 낮을 주관하게 하신 이에게 감사하라 그 인자하심이 영원함이로다 달과 별들로 밤을 주관하게 하신 이에게 감사하라 그 인자하심이 영원함이로다

한 집사가 예배를 드리는데 옆에서 아이들의 떠드는 소리가 들렸습니다. 집사는 그 소리가 하도 듣기가 싫고 방해가 되어 하나님께 기도를 드렸습니다. "주님, 저 아이들이 좀 조용히 하게 해주옵소서." 그런데 아무리 시간이 지나도 아이들이 조용히 하지 않고 오히려 더 큰 소리로 떠드는 것입니다. 집사는 화가 났습니다. "주님! 왜 제 기도를 들어주지 않으십니까?" 그러자 하나님께서 이렇게 응답하셨습니다. "나는 너에게 이미 들을 수 있는 복을 주었다."

우리는 하나님께 감사해야 한다고 말하지만 정확히 무엇을 감사해야 하는지 모를 때가 많습니다. 감사할 일이 없다고 느끼기 때문입니다. 그러나 시편 기자는 땅과 물이 있음에 감사하고, 하늘의 해와 달과 별이 있음에 감사하다고 고백합니다. 이처럼 생각을 바꾸면 우리는 감사하지 않을 것이 없습니다. 볼 수 있고, 들을 수 있고, 말할 수 있고, 가족이 있고, 친구가 있다는 사실에 감사할 수 있습니다.

나눔의 시간

너무 당연하게 생각하며 감사하지 못했던 은혜가 있지는 않습니까? 함께 나누며 하나님께 감사드리는 시간을 가져 봅시다.

결단의 시간

지금까지 많은 은혜를 받았음에도 감사하지 못하고 불평했던 모습을 회개하고, 하루에 적어도 한 가지 이상 감사하기로 결단합시다.

함께하는 기도

하나님 아버지, 지금까지 우리가 받은 은혜를 당연하게 여기며 감사하지 못하고 불평했던 모습을 용서해 주옵소서. 사소한 것 하나에서도 하나님의 사랑을 느끼며 감사할 수 있는 우리 가족이 되게 하옵소서. 예수님의 이름으로 기도합니다. 아멘.

암송 말씀

홀로 큰 기이한 일들을 행하시는 이에게 감사하라 그 인자하심이 영원함이로다
_시편 136:4

주기도문

6월 4일

기도에 응답하시는 하나님

신앙고백 | 사도신경
찬송 | 542, 545장
본문 말씀 | 다니엘 10장 12-14절

> 그가 내게 이르되 다니엘아 두려워하지 말라 네가 깨달으려 하여 네 하나님 앞에 스스로 겸비하게 하기로 결심하던 첫날부터 네 말이 응답 받았으므로 내가 네 말로 말미암아 왔느니라 그런데 바사 왕국의 군주가 이십일 일 동안 나를 막았으므로 내가 거기 바사 왕국의 왕들과 함께 머물러 있더니 가장 높은 군주 중 하나인 미가엘이 와서 나를 도와 주므로 이제 내가 마지막 날에 네 백성이 당할 일을 네게 깨닫게 하러 왔노라 이는 이 환상이 오랜 후의 일임이라 하더라

영국의 목회자인 조지 뮬러George Mueller는 하나님께 5만 번 이상 기도 응답을 받은 사람으로 유명합니다. 그가 93년을 살았으니, 계산해 보면 그는 평균 매일 한두 번 이상 기도 응답을 받은 셈입니다. 도대체 어떻게 기도를 했기에 이렇게 많은 응답을 받은 것일까요?

조지 뮬러는 기도할 때 자신의 상황에 따라 하지 않았습니다. 그는 오직 하나님의 뜻에 합당한 기도를 했습니다. 그리고 그는 기도 후에는 언제 응답해 주실까 초조해 하지 않았습니다. 그는 기도가 이루어지지 않는다고 낙심하지도 않았습니다. 그는 오히려 기도했으니 하나님께서 반드시 응답해 주실 것이라는 믿음으로 항상 하나님께 감사했습니다.

우리는 종종 기도했는데도 응답받지 못했다고 불평합니다. 그러나 하나님은 우리가 기도하면 즉시 응답하시는 분입니다. 이러한 사실은 다니엘의 기도에 잘 나타납니다. 다니엘은 이스라엘을 위해 금식을 작정하고 기도를 시작했습니다. 그리고 21일이 지나서야 환상을 통해 응답받았습니다. 그러나 그 기도의 응답은 21일 후에 받은 것이 아니었습니다. 다니엘이 기도하기로 작정했을 때 이미 하나님께서는 그 기도에 응답하신 것입니다.

나눔의 시간
기도하고 있는데 아직까지 응답받지 못한 기도 제목이 있습니까? 함께 나눠 보고 중보 기도 해주는 시간을 가져 봅시다.

결단의 시간
아직 응답받지 못했다고 생각하는 기도 제목이 있더라도 이미 응답하신 하나님을 믿고 끝까지 기도하기로 결단합시다.

함께하는 기도
하나님 아버지, 우리의 모든 기도에 응답해 주셔서 감사합니다. 설령 제 믿음이 부족해 기도하지 못할 때라도 하나님께서 굳건한 믿음을 주셔서 끝까지 기도할 수 있게 하여 주옵소서. 하나님의 응답으로 제 생각이 변화되고 삶이 변화되게 하여 주옵소서. 예수님의 이름으로 기도합니다. 아멘.

암송 말씀
그가 내게 이르되 다니엘아 두려워하지 말라 네가 깨달으려 하여 네 하나님 앞에 스스로 겸비하게 하기로 결심하던 첫날부터 네 말이 응답 받았으므로 내가 네 말로 말미암아 왔느니라 _다니엘 10:12

주기도문

6월 5일

입술의 고백

신앙고백 | 사도신경
찬송 | 441, 446장
본문 말씀 | 이사야 57장 19-20절

> 입술의 열매를 창조하는 자 여호와(야훼)가 말하노라 먼 데 있는 자에게든지 가까운 데 있는 자에게든지 평강이 있을지어다 평강이 있을지어다 내가 그를 고치리라 하셨느니라 그러나 악인은 평온함을 얻지 못하고 그 물이 진흙과 더러운 것을 늘 솟구쳐 내는 요동하는 바다와 같으니라

　우리는 감사가 부족한 세상에서 살고 있습니다. 요즘 사람들은 입버릇처럼 '죽겠다', '미치겠다', '망했다', '우울하다', '슬프다' 라는 말을 내뱉습니다. 언론이나 인터넷에서도 서로에 대한 칭찬이나 격려보다는 비난과 원망의 말을 더 많이 하는 것을 보게 됩니다.

　부정적인 말, 원망의 말은 부정적인 결과를 불러옵니다. 비난과 판단, 험담하는 말은 사람에게 상처를 입히고, 문제와 갈등을 불러 일으킵니다. 게다가 말은 자기 최면의 역할도 하기 때문에 계속해서 '망했네', '미치겠네', '우울하네' 라고 말하는 사람의 삶은 정말 우울하고 절망적인 결과를 맞이하게 됩니다.

　우리는 우리 입술을 인생의 키로 삼아 늘 긍정적인 말, 감사의 말이 흘러나오도록 해야 합니다. 우리는 불평과 불만을 말하기 전에 먼저 하나님께 감사기도를 드려야 합니다. 그러면 신기하게도 내 안에 감사가 넘치게 됩니다. 감사를 통해 주님 앞에 영광을 돌릴 때 하나님께서는 더 많은 감사할 일들을 우리에게 주십니다. 감사하는 사람은 하나님과 동행하며 하나님의 일을 이루어 나갑니다. 그러나 원망하고 불평하는 사람은 스스로 축복의 통로를 가로막아 버립니다.

나눔의 시간
혹시 버릇처럼 원망과 불평의 말을 하고 있지는 않습니까? 나의 말하는 습관은 어떠한지 되돌아보고 함께 나눠 봅시다.

결단의 시간
이 시간 모든 부정적인 생각과 마음을 예수님 앞에 내려놓고 어떠한 순간에도 감사의 말, 감사의 고백을 하기로 결단합시다.

함께하는 기도
하나님 아버지, 우리의 마음과 입술에 감사의 고백이 넘치게 하여 주옵소서. 원망과 불평으로 축복의 통로를 막았던 어리석음에서 벗어나 감사하게 하옵소서. 감사의 제목을 더하시는 하나님의 은혜를 입게 하옵소서. 예수님의 이름으로 기도합니다. 아멘.

암송 말씀
입술의 열매를 창조하는 자 여호와(야훼)가 말하노라 먼 데 있는 자에게든지 가까운 데 있는 자에게든지 평강이 있을지어다 평강이 있을지어다 내가 그를 고치리라 하셨느니라 _이사야 57:19

주기도문

6월 6일

성공하는 삶

신앙고백 | 사도신경
찬송 | 63, 79장
본문 말씀 | 시편 24편 7-10절

> 문들아 너희 머리를 들지어다 영원한 문들아 들릴지어다 영광의 왕이 들어가시리로다 영광의 왕이 누구시냐 강하고 능한 여호와(야훼)시요 전쟁에 능한 여호와(야훼)시로다 문들아 너희 머리를 들지어다 영원한 문들아 들릴지어다 영광의 왕이 들어가시리로다 영광의 왕이 누구시냐 만군의 여호와(야훼)께서 곧 영광의 왕이시로다(셀라)

　서점에 가면 수많은 자기계발서가 있습니다. 그 책들이 주로 다루는 주제는 '성공하는 방법'입니다. 성공을 부르는 습관, 돈을 잘 버는 방법, 내 집 마련하는 방법 등 다양한 방법으로 이 땅에서의 성공을 강조합니다.
　이는 사람들이 얼마나 성공하는 삶에 관심이 많은지를 알게 합니다. 게다가 책들이 하는 이야기를 가만히 보니 정말 그 방법대로 실천하면 세상의 모든 부귀영화를 누릴 수 있을 것만 같습니다. 그 책들은 인맥을 활용하고, 경쟁하고, 재테크에 집중하고, 한 번 취한 것은 절대 놓지 말라고 가르칩니다.
　그러나 우리는 이러한 가르침을 따르기 전에 잊은 것은 없는지 생각해 보아야 합니다. 이 땅을 창조하신 주인이자 모든 만물을 통치하시는 분은 하나님이십니다. 그러니 세상의 섭리와 이치는 하나님 손에 달려 있습니다. 하나님께서는 결코 사람의 능력을 의지하라고 말씀하지 않으십니다. 하나님께서는 경쟁하라고 하지도 않으시고, 욕심을 부려 부를 축적하라고 가르치지도 않으십니다. 오히려 그분은 사랑으로 베풀고 나누며 하나님만 의지하라고 말씀하십니다.

하나님 안에 진정한 승리가 있고 성공이 있습니다. 그러니 우리는 세상의 가르침이 아니라 하나님의 가르침으로 눈을 돌려야 합니다. 그럴 때 우리는 성공하는 삶을 살 수 있습니다.

나눔의 시간

지금까지 하나님의 가르침과 세상의 가르침 중 무엇에 더 관심을 가지고 따랐습니까? 함께 나눠 봅시다.

결단의 시간

하나님이야말로 우리를 지으시고 온 우주 만물을 통치하시는 이 땅의 진정한 주인이십니다. 세상의 가르침에 귀 기울이지 않고 오직 하나님을 의지할 것을 결단합시다.

함께하는 기도

하나님 아버지, 아버지는 온 땅을 통치하시는 왕이십니다. 우리 가정이 왕 되신 하나님께 감사하며 우리의 모든 것을 의탁하는 가정이 되게 하옵소서. 우리 가정이 오직 주님만 의지하며 주님께 순종함으로 진정한 기쁨과 감사를 누리게 하여 주옵소서. 예수님의 이름으로 기도합니다. 아멘.

암송 말씀

영광의 왕이 누구시냐 강하고 능한 여호와야훼시요 전쟁에 능한 여호와야훼시로다
_시편 24:8

주기도문

감사_예배

6월 7일

하나님의 소유

신앙고백 | 사도신경
찬송 | 38, 64장
본문 말씀 | 이사야 43장 1-3절

> 야곱아 너를 창조하신 여호와(야훼)께서 지금 말씀하시느니라 이스라엘아 너를 지으신 이가 말씀하시느니라 너는 두려워하지 말라 내가 너를 구속하였고 내가 너를 지명하여 불렀나니 너는 내 것이라 네가 물 가운데로 지날 때에 내가 너와 함께 할 것이라 강을 건널 때에 물이 너를 침몰하지 못할 것이며 네가 불 가운데로 지날 때에 타지도 아니할 것이요 불꽃이 너를 사르지도 못하리니 대저 나는 여호와(야훼) 네 하나님이요 이스라엘의 거룩한 이요 네 구원자임이라 내가 애굽을 너의 속량물로, 구스와 스바를 너를 대신하여 주었노라

　우리는 우리에게 값지고 소중한 물건이 있다면 그것에 흠이 갈세라 애지중지할 것입니다. 그리고 늘 내가 볼 수 있는 곳에 그 물건이 있도록 할 것입니다.

　하나님께서는 예수님의 피로 값을 치러 우리 생명을 구하셨습니다. 하나님께 있어 우리는 가장 귀한 존재입니다. 그런 하나님께서 지금 우리에게 "너는 두려워하지 말라 내가 너를 구속하였고 내가 너를 지명하여 불렀나니 너는 내 것이라"고 말씀하십니다. "너는 내 것이라"는 말씀은 "내가 너를 철저하게 책임지겠다"는 약속의 말씀입니다.

　우리는 하나님의 것입니다. 하나님은 광야 생활을 하는 이스라엘 백성을 40년 간 의복과 신발 하나까지 완벽하게 책임지셨습니다. 우리 생명과 우리가 가는 길은 하나님께서 책임져 주십니다.

🤚 나눔의 시간

　내가 가장 소중하게 생각하는 물건이 있습니까? 그것이 왜 소중하며 나는 그것을 어떻게 다루고 있는지 나눠 봅시다.

🤚 결단의 시간

　하나님께서는 나를 귀하고 소중히 여기시는 것처럼, 우리 가족과 이웃 또한 소중히 여기십니다. 그러므로 이웃과 가족을 자신과 같이 사랑하며 아끼는 마음을 갖기로 결단합시다.

🤚 함께하는 기도

　하나님 아버지, 나와 우리 가족을 사랑하시고 주님의 자녀로 삼아 주심을 감사합니다. 내가 먼저가 아닌 하나님께서 먼저 우리를 부르셨음을 항상 기억하고 감사하는 삶을 살게 하옵소서. 예수님의 이름으로 기도합니다. 아멘.

🤚 암송 말씀

> 야곱아 너를 창조하신 여호와(야훼)께서 지금 말씀하시느니라 이스라엘아 너를 지으신 이가 말씀하시느니라 너는 두려워하지 말라 내가 너를 구속하였고 내가 너를 지명하여 불렀나니 너는 내 것이라 _이사야 43:1

🤚 주기도문

6월 8일

감사_예배

전쟁은 하나님의 손에

신앙고백 | 사도신경
찬송 | 429, 436장
본문 말씀 | 역대하 20장 21-22절

> 백성과 더불어 의논하고 노래하는 자들을 택하여 거룩한 예복을 입히고 군대 앞에서 행진하며 여호와(야훼)를 찬송하여 이르기를 여호와(야훼)께 감사하세 그의 인자하심이 영원하도다 하게 하였더니 그 노래와 찬송이 시작될 때에 여호와(야훼)께서 복병을 두어 유다를 치러 온 암몬 자손과 모압과 세일 산 주민들을 치게 하시므로 그들이 패하였으니

　유다는 모압, 암몬, 마온 연합국의 공격을 받게 됩니다. 이들의 힘은 강력했습니다. 당시 유다의 왕이었던 여호사밧은 두려움에 떨며 금식을 공포하고 하나님께 엎드렸습니다. 그리고 결전의 날, 여호사밧은 군대의 선두에 무장한 군사가 아닌 성가대를 세워 하나님께 감사의 찬송을 올려 드렸습니다. 이러한 여호사밧의 결정은 사람의 시각으로는 이해가 안 되는 부분입니다. 이 전쟁은 누가 봐도 유다가 패할 것만 같았습니다. 그런데 놀라운 일이 벌어졌습니다. 연합국이었던 적군이 서로를 공격하면서 전멸한 것입니다.

　궁지에 몰린 여호사밧으로서는 강한 이웃 나라에 도움을 요청하는 방법도 있었을 것입니다. 그러나 그는 위기의 순간에 하나님을 찾았습니다. 그리고 그는 하나님의 위엄을 높이며 그 이름을 찬양했습니다. 그 결과 하나님의 도우심으로 이스라엘은 피 한 방울 손에 묻히지 않고 전쟁에서 승리를 거뒀습니다.

이 땅의 모든 전쟁은 하나님의 손에 달려 있습니다. 하나님께서는 우리가 주님을 믿고 찬양할 때 결코 우리를 버리지 않으십니다. 그러므로 우리는 아무리 슬프고 괴로운 문제가 있어도 하나님만 바라보고 감사하며 찬양해야 합니다. 그럴 때 우리는 주님의 구원과 승리의 역사를 경험하게 됩니다.

나눔의 시간

삶의 문제를 하나님의 뜻이 아니라 인간적인 방법으로 풀려고 하다가 어려움에 빠진 적이 있습니까?

결단의 시간

가족과 함께 이스라엘 군대처럼 감사의 찬송을 크게 불러 봅시다. 당면한 영적 전쟁에서 승리를 주실 하나님께 감사하는 마음을 찬송으로 표현해 봅시다.

함께하는 기도

하나님 아버지, 우리를 삶의 승리자로 이끌어 주신 주님의 은혜에 감사합니다. 우리 가정에 이러한 감사의 찬송이 넘쳐나도록 인도해 주옵소서. 예수님의 이름으로 기도합니다. 아멘.

암송 말씀

> 그 노래와 찬송이 시작될 때에 여호와(야훼)께서 복병을 두어 유다를 치러 온 암몬 자손과 모압과 세일 산 주민들을 치게 하시므로 그들이 패하였으니 _역대하 20:22

주기도문

6월 9일

고난 중의 감사

신앙고백 | 사도신경
찬송 | 496, 500장
본문 말씀 | 고린도후서 12장 9-10절

> 나에게 이르시기를 내 은혜가 네게 족하도다 이는 내 능력이 약한 데서 온전하여짐이라 하신지라 그러므로 도리어 크게 기뻐함으로 나의 여러 약한 것들에 대하여 자랑하리니 이는 그리스도의 능력이 내게 머물게 하려 함이라 그러므로 내가 그리스도를 위하여 약한 것들과 능욕과 궁핍과 박해와 곤고를 기뻐하노니 이는 내가 약한 그 때에 강함이라

우리는 고난을 겪게 되면 감사하기가 쉽지 않습니다. 몸이 힘들면 마음도 힘들어지고, 마음이 힘들면 영적으로도 버텨 내기가 어렵습니다. 그렇게 되면 우리는 주변을 원망하고 마침내 하나님까지 원망하게 됩니다. 그러나 바울은 "능욕과 궁핍과 박해와 곤고를 기뻐하노니 이는 내가 약한 그 때에 강함이라"고 고백합니다.

바울의 이 고백은 "내가 약할 때에야 비로소 하나님께서 일하신다"는 믿음의 고백입니다. 그는 자신의 힘과 능력이 바닥이 났을 때, 자신 안에서 역사하시는 하나님의 능력을 발견하게 되었습니다.

성경은 "우리가 환난 중에도 즐거워하나니 이는 환난은 인내를, 인내는 연단을, 연단은 소망을 이루는 줄 앎이로다" 롬 5:3-4라고 말씀합니다. 고난의 다른 이름은 성숙입니다. 환난은 축복의 전주곡입니다. 힘든 일이 닥쳤을 때 다른 사람을 원망하지 마십시오. 우리가 아무리 원망해도 환경은 달라지지 않습니다. 오히려 우리가 그 고난의 이유를 생각하며 하나님께 집중하고 감사할 때 우리 안에 분명한 변화가 일어납니다. 그렇게 고난의 문을 잘 통과하고 나면 나를 향하신 하나님의 계획이 이루어지게 됩니다.

나눔의 시간

혹시 지금 어려운 상황에 처해 있습니까? 혹은 어려움에 처했던 적이 있습니까? 만약 그렇다면 그 어려움을 극복하기 위해 어떤 노력을 했습니까?

결단의 시간

우리는 환난 중에도 소망을 가져야 합니다. 우리는 하나님의 은혜와 사랑을 전적으로 신뢰하며 소망을 가져야 감사할 수 있습니다. 우리 삶의 필요한 소망이 무엇인지 묵상하고, 마음을 굳게 다질 것을 결단합시다.

함께하는 기도

하나님 아버지, 아무리 힘들고 어려워도 감사를 잃지 않기를 원합니다. 하나님께 소망을 가지고 주님의 은혜를 체험하기 원합니다. 우리의 마음과 입술에 감사와 찬송을 허락해 주옵소서. 환난이 변하여 복이 되는 은혜를 경험하도록 인도해 주옵소서. 예수님의 이름으로 기도합니다. 아멘.

암송 말씀

그러므로 내가 그리스도를 위하여 약한 것들과 능욕과 궁핍과 박해와 곤고를 기뻐하노니 이는 내가 약한 그 때에 강함이라 _고린도후서 12:10

주기도문

6월 10일

감사의 조건

신앙고백 | 사도신경
찬송 | 425, 428장
본문 말씀 | 빌립보서 4장 10-12절

> 내가 주 안에서 크게 기뻐함은 너희가 나를 생각하던 것이 이제 다시 싹이 남이니 너희가 또한 이를 위하여 생각은 하였으나 기회가 없었느니라 내가 궁핍하므로 말하는 것이 아니니라 어떠한 형편에든지 나는 자족하기를 배웠노니 나는 비천에 처할 줄도 알고 풍부에 처할 줄도 알아 모든 일 곧 배부름과 배고픔과 풍부와 궁핍에도 처할 줄 아는 일체의 비결을 배웠노라

　우리는 어느 때에 감사합니까? 많은 재물을 가졌을 때, 사회적으로 성공하고 명예를 얻었을 때, 멋진 외모를 타고났을 때 기뻐하고 감사할 수 있을까요?

　감사하는 마음은 '만족함'에서 옵니다. 그러나 세상의 그 어떤 것도 우리에게 만족을 주지는 못합니다. 재물을 가져 본 사람은 더 많은 재물을 갖고 싶어합니다. 아름다운 외모를 갖고자 하는 사람들의 성형 중독 문제는 사회적으로도 화제가 되어 왔습니다. 한번 권력을 맛본 사람은 그 권력이 다하는 순간을 견디지 못합니다. 이러한 것들은 우리의 헛헛한 마음을 만족시키지 못합니다.

　그러나 바울은 감옥에 갇혀서도 "기뻐하라. 기뻐하라. 나는 모든 일에 자족하기를 배웠다"고 말했습니다. 바울이 이렇게 고백할 수 있었던 이유는 그의 마음에 예수님의 사랑이 가득했기 때문입니다.

　'주님 한 분만으로' 라는 찬양이 있습니다. '주님 한 분만으로 나는 만족해.

나의 모든 것 되신 주님 찬양해. 나의 영원한 생명 되신 예수님, 목소리 높여 찬양해' 이 가사처럼 우리 마음에 주님께서 계시면 우리는 모든 것을 다 가진 것입니다. 비록 내가 고난 가운데 있어도 내 마음에는 감사가 흘러넘칠 수 있습니다.

나눔의 시간

내가 예수님께 받은 것을 생각해 보고 나누는 시간을 가져 봅시다. 사소한 것이나 작은 것이라도, 만약 그것이 없었다면 어땠을지도 함께 생각해 봅시다.

결단의 시간

주님과 동행하는 삶을 위해 우리가 해야 할 일은 주님께 받은 것에 감사하는 것입니다. 어떠한 상황에 처해 있을지라도 주님 앞에 감사하기로 결단합시다.

함께하는 기도

하나님 아버지, 지금까지는 우리가 하나님 한 분만으로 만족하지 못했더라도, 이제는 주님만으로 만족하는 삶을 살기 원합니다. 세상에서 얻고자 했던 것들을 모두 내려놓고 주님께서 주실 사랑만을 기대합니다. 예수님의 이름으로 기도합니다. 아멘.

암송 말씀

나는 비천에 처할 줄도 알고 풍부에 처할 줄도 알아 모든 일 곧 배부름과 배고픔과 풍부와 궁핍에도 처할 줄 아는 일체의 비결을 배웠노라 _빌립보서 4:12

주기도문

6월 11일

창조의 하나님

신앙고백 | 사도신경
찬송 | 546, 549장
본문 말씀 | 창세기 1장 26-27절

> 하나님이 이르시되 우리의 형상을 따라 우리의 모양대로 우리가 사람을 만들고 그들로 바다의 물고기와 하늘의 새와 가축과 온 땅과 땅에 기는 모든 것을 다스리게 하자 하시고 하나님이 자기 형상 곧 하나님의 형상대로 사람을 창조하시되 남자와 여자를 창조하시고

　인체에 대한 흥미로운 보고가 있습니다. 우리 몸은 수십조 개의 세포로 이루어져 있습니다. 그중에서도 위벽을 이루고 있는 세포는 매분 오십만 개씩 죽고 태어나는데, 그 덕분에 사흘이 지나면 위벽 전체가 새것으로 바뀐다고 합니다. 그뿐만이 아닙니다. 우리의 두뇌는 약 천억 개의 신경 세포를 가지고 있고, 혈관의 총 길이는 9만 6,000킬로미터를 넘긴다고 합니다. 이는 지구 두 바퀴 반 정도를 도는 길이입니다. 여기에 모세혈관까지 합치면 16만 킬로미터라고 하니 우리의 피가 이렇게 먼 거리를 하루에도 수만 번 왔다 갔다 하면서 순환하고 있다는 사실에 놀라지 않을 수 없습니다.

　아직도 과학이 풀어내지 못한 신비가 바로 생명입니다. 전원이나 에너지원이 없이도 심장이 스스로 뛰고 숨을 쉬고 움직일 수 있다는 것은 놀라운 일입니다. 이렇듯 신비한 인간의 몸을 창조한 분이 하나님이십니다.

　하나님께서 만드신 모든 것 중에 인간은 가장 으뜸입니다. 게다가 인간은 이 땅을 다스리라는 명령까지 받았으니 이렇게 귀한 직책이 어디 있겠습니까? 우리는 세상에 끌려다니거나 실패하고 낙심해서는 안 되는 존재입니다. 우리는 하나님께서 하나님을 닮게 만든 가장 귀한 존재입니다. 그러므로 우리는 우리를 이렇게 귀하게 창조하신 좋으신 하나님을 마음껏 찬양하고 그분께 영광을 돌리고 감사해야 합니다.

나눔의 시간

하나님께서 나를 사랑하신다는 사실을 가장 강하게 느낀 때는 언제입니까?

결단의 시간

하나님께서 우리를 복되고 특별한 존재로 만드셨습니다. 우리가 하나님의 형상으로 만들어진 아주 귀한 존재임에 감사합시다.

함께하는 기도

하나님 아버지, 우리를 하나님의 특별한 존재로 만들어 주심에 감사드립니다. 우리가 이 사실을 기억하며 하나님의 자녀로서 가치 있는 삶을 살아갈 수 있도록 인도해 주옵소서. 우리가 슬픔과 좌절 대신 감사와 찬송이 넘치는 삶을 살도록 하여 주옵소서. 예수님의 이름으로 기도합니다. 아멘.

암송 말씀

> 하나님이 이르시되 우리의 형상을 따라 우리의 모양대로 우리가 사람을 만들고 그들로 바다의 물고기와 하늘의 새와 가축과 온 땅과 땅에 기는 모든 것을 다스리게 하자 하시고 _창세기 1:26

주기도문

6월 12일

평강을 부르는 감사

신앙고백 | 사도신경
찬송 | 405, 419장
본문 말씀 | 골로새서 3장 15-17절

> 그리스도의 평강이 너희 마음을 주장하게 하라 너희는 평강을 위하여 한 몸으로 부르심을 받았나니 너희는 또한 감사하는 자가 되라 그리스도의 말씀이 너희 속에 풍성히 거하여 모든 지혜로 피차 가르치며 권면하고 시와 찬송과 신령한 노래를 부르며 감사하는 마음으로 하나님을 찬양하고 또 무엇을 하든지 말에나 일에나 다 주 예수의 이름으로 하고 그를 힘입어 하나님 아버지께 감사하라

깊은 바다는 동요하는 법이 없습니다. 어떤 폭풍우와 비바람이 몰아쳐도 깊은 바다는 언제나 고요합니다. 평강이란 깊은 바다와 같습니다. 우리 인생의 바다에 어떤 환란과 문제의 폭풍우가 몰아친다 해도 우리가 깊은 바다, 즉 주님이 주시는 평강 안에 거한다면 우리는 그곳에서 안식을 누릴 수 있습니다.

우리가 평강을 누리기 위해서는 먼저 감사해야 합니다. 골로새서 3장 15절은 "평강이 너희 마음을 주장하게 하라"고 말씀하면서, "감사하라"고 명령합니다. 감사가 평강을 이루는 열쇠이기 때문입니다. 감사할 줄 아는 삶에는 복이 넘치며, 기쁨이 흘러나옵니다. 물론 '복을 받은 후에 감사해야 하는 것 아닌가? 어떻게 아무것도 받지 않았는데 감사할 수 있나?' 하고 생각할 수 있습니다. 그러나 우리가 이미 모든 복을 받은 것으로 믿고 먼저 감사할 때 우리 삶에는 평안과 복이 넘치게 되는 것입니다.

감사는 하나님을 신뢰하는 사람의 기본자세이자, 하나님의 사랑과 은혜를 경험한 사람의 당연한 반응입니다. 설령 우리 앞을 가로막고 있는 환경의 어려움이 있더라도 감사해야 합니다. 우리는 먼저 감사할 때 우리 삶에 은혜와 평강이 넘치게 임할 줄 믿어야 합니다.

나눔의 시간
믿음이 언제 가장 흔들립니까? 그때마다 어떻게 극복하고 있습니까?

결단의 시간
우리는 하나님께서 우리에게 주신 것이 있다면 그 주신 것에 감사하고, 아직 주지 않으신 것이 있다면 앞으로 주실 것이기에 감사해야 합니다. 늘 넘치는 감사로 삶의 평강을 이룰 것을 결단합시다.

함께하는 기도
하나님 아버지, 우리 가정에 하나님을 향한 넘치는 감사로 평강이 임하게 하심을 감사합니다. 힘든 세상에서 지쳐있을 때에도 가정에 돌아오면 감사와 찬양이 쉬지 않기를 소망합니다. 이러한 참 평안과 안식을 누리도록 역사해 주옵소서. 예수님의 이름으로 기도합니다. 아멘.

암송 말씀
> 그리스도의 평강이 너희 마음을 주장하게 하라 너희는 평강을 위하여 한 몸으로 부르심을 받았나니 너희는 또한 감사하는 자가 되라 _골로새서 3:15

주기도문

6월 13일

우리가 감사하면

신앙고백 | 사도신경
찬송 | 565, 569장
본문 말씀 | 누가복음 17장 17-19절

> 예수께서 대답하여 이르시되 열 사람이 다 깨끗함을 받지 아니하였느냐 그 아홉은 어디 있느냐 이 이방인 외에는 하나님께 영광을 돌리러 돌아온 자가 없느냐 하시고 그에게 이르시되 일어나 가라 네 믿음이 너를 구원하였느니라 하시더라

　예수님께서 예루살렘으로 가시는 길에 열 명의 나병 환자를 만났습니다. 이들은 예수님께서 멀리 지나가시는 것을 보고 큰 소리로 은혜를 구했습니다. 예수님께서는 이들의 고통을 긍휼히 여기시고 "가서 제사장들에게 너희 몸을 보이라"눅 17:14고 말씀하셨습니다. 이 말씀은 곧 "너희는 이미 치유 받았으니 가서 병이 나았음을 제사장에게 확인받고 집으로 돌아가라"는 말씀이었습니다. 이들은 기쁜 마음으로 발길을 돌렸습니다.

　그런데 시간이 얼마 지나지 않아 사마리아 사람 한 명이 예수님을 찾아왔습니다. 그는 조금 전 열 명의 나병 환자 중 한 명이었습니다. 그는 자신의 병을 고쳐 준 예수님께 감사하며 하나님께 영광을 돌렸습니다. 예수님께서는 그 사마리아 사람에게 물으셨습니다. "열 사람이 다 깨끗함을 받지 아니하였느냐? 나머지 아홉은 어디 있느냐?"

　예수님께서 기적을 베푸신 사람은 열 명이었지만 그 은혜에 감사한 사람은 단 한 명이었습니다. 그리고 그 한 명만이 예수님으로부터 영혼 구원의 약속을 받게 되었습니다. 예수님께 오지 않은 나머지 아홉 명의 행방은 성경에서 말씀하고 있지 않습니다. 그들은 어쩌면 병이 낫기는 했지만 다른 삶의 문제들로 어려움을 겪으며 살았을지도 모릅니다. 기적을 경험하고도 감사하지 못하는 삶은 평강이 없고 복이 없으며 구원의 약속이 없기 때문입니다.

나눔의 시간

하나님께서 주신 은혜에 감사하기 보다는 당연하게 생각한 적은 없는지 함께 나눠 봅시다.

결단의 시간

감사하는 삶에는 기쁨과 복이 넘칠 뿐 아니라 구원의 약속이 있습니다. 범사에 감사하기 위해서는 우리의 말과 행동과 습관에 훈련이 필요합니다. 가정 안에서도 서로에게 먼저 감사하고 베풀기를 결단합시다.

함께하는 기도

하나님 아버지, 우리 가족이 서로에게 감사의 본을 보이는 복 있는 가정이 되기를 소망합니다. 우리 삶에 감사가 충만해지도록 인도해 주옵소서. 이를 훈련하고 준비하도록 역사해 주옵소서. 예수님의 이름으로 기도합니다. 아멘.

암송 말씀

> 그에게 이르시되 일어나 가라 네 믿음이 너를 구원하였느니라 하시더라 _누가복음 17:19

주기도문

6월 14일

감사의 예배

신앙고백 | 사도신경
찬송 | 428, 445장
본문 말씀 | 시편 108편 1-4절

> 하나님이여 내 마음을 정하였사오니 내가 노래하며 나의 마음을 다하여 찬양하리로다 비파야, 수금아, 깰지어다 내가 새벽을 깨우리로다 여호와(야훼)여 내가 만민 중에서 주께 감사하고 뭇 나라 중에서 주를 찬양하오리니 주의 인자하심이 하늘보다 높으시며 주의 진실은 궁창에까지 이르나이다

　시편은 하나님을 향한 감사와 찬양의 노래가 실린 책입니다. 시편의 대부분은 다윗에 의해 쓰였습니다. 다윗은 젊은 시절에 자신을 죽이려고 하는 사울 왕에게 쫓기고, 그 후에는 아들 압살롬의 반역으로 예루살렘 궁전에서 쫓겨나 광야 생활을 하면서도 하나님을 찬양했습니다. 다윗은 찬양할 수 없을 때에도 찬양했습니다. 그는 때로 미움과 원망으로 노래를 시작했지만, 결국에는 하나님께 모든 것을 맡기고 믿음으로 감사하며 찬양으로 그 노래를 마쳤습니다. 그는 찬양할 수 있음에 감사하고, 살아있음에 감사했습니다.
　예배를 드리면서도 여전히 고민을 털어 버리지 못하고 근심하는 사람이 있습니다. 그리고 아픈 마음, 상처 입은 마음을 여전히 끌어안고 있는 사람이 있습니다. 그러나 하나님께서는 우리가 고통과 근심으로 괴로워하는 모습을 보시며 아파하십니다. 하나님께서는 우리가 끌어안고 있는 그러한 생각들을 예수님 앞에 모두 내려놓고 감사하고 기뻐하며 예배하기를 원하십니다.

감사는 곧 예배가 됩니다. 하나님께서는 감사함으로 드려지는 예배를 기쁘게 받으십니다. 감사와 찬송은 예배의 문을 여는 귀한 열쇠입니다. 그렇기 때문에 우리는 예배의 자리에 나올 때 그 자리까지 불러 주신 하나님께 감사하는 마음으로 나가야 합니다.

나눔의 시간

예배하러 갈 때만 해도 답답했던 마음이 예배 후에 후련해졌던 경험이 있습니까? 그때의 일을 나눠 보고 감사하는 시간을 가집시다.

결단의 시간

감사로 예배를 드리는 것은 나의 결단에서 시작합니다. 힘들어도 감사하고 마음이 아파도 예배하기로 결단합시다.

함께하는 기도

하나님 아버지, 우리의 감사가 하나님과 모든 사람이 들을 수 있는 찬송이 되기를 원합니다. 우리가 살아있는 감사와 찬송을 드리기 소망합니다. 예수님의 이름으로 기도합니다. 아멘.

암송 말씀

하나님이여 내 마음을 정하였사오니 내가 노래하며 나의 마음을 다하여 찬양하리로다
_시편 108:1

주기도문

참된 안식

감사_예배

신앙고백 | 사도신경
찬송 | 408, 412장
본문 말씀 | 신명기 5장 12-14절

> 네 하나님 여호와야훼가 네게 명령한 대로 안식일을 지켜 거룩하게 하라 엿새 동안은 힘써 네 모든 일을 행할 것이나 일곱째 날은 네 하나님 여호와야훼의 안식일인즉 너나 네 아들이나 네 딸이나 네 남종이나 네 여종이나 네 소나 네 나귀나 네 모든 가축이나 네 문 안에 유하는 객이라도 아무 일도 하지 못하게 하고 네 남종이나 네 여종에게 너 같이 안식하게 할지니라

하나님께서는 애굽에서 나와 혹독한 광야 생활을 하게 된 이스라엘 백성에게 일곱째 날 아무 일도 하지 말고 안식하라고 명령하셨습니다.

그러나 그들에게는 쉽조차도 단순한 문제가 아니었습니다. 아무 일도 하지 말라는 하나님의 명령은 그들의 유일한 양식인 만나와 메추라기를 거둘 수 없다는 것이고, 이는 하루 양식을 포기하라는 말씀이었기 때문입니다. 그들의 염려를 알고 계신 하나님께서는 안식일 전날인 여섯째 날, 만나를 두 배로 거두라고 말씀하셨습니다 출 16:5. 이 말씀 또한 이스라엘 백성에게는 받아들이기 어려운 말씀이었습니다. 하나님께서 약속하신 만나의 '유통기한'은 단 하루였기 때문입니다.

그러나 그들이 하나님 말씀에 순종했을 때 놀라운 일이 벌어졌습니다. 단 한 번도 하루를 넘기지 못했던 만나가 안식일에는 썩지 않았던 것입니다. 이스라엘 백성은 썩지 않은 만나를 보며 홍해를 가르시고, 애굽의 군대로부터 이스라엘을 구원하신 하나님의 은혜를 기억했을 것입니다.

매일 전쟁의 위협과 육신의 피로 속에서 고통받던 이스라엘은 안식을 통해 하나님을 기억하고 예배하게 되었습니다. 이처럼 우리의 삶에 안식이 필요한 이유는 단순히 지친 몸을 쉬게 하기 위해서만은 아닙니다. 우리의 영혼에 썩지 않는 만나를 공급하시는 하나님을 만나기 위해서입니다.

나눔의 시간

지금까지 나에게 주일 예배는 어떤 의미였는지 함께 나눠 봅시다.

결단의 시간

혹시 지금까지 주일을 평일과 같이 별다른 특별함 없이 대하고 있지는 않았습니까? 하나님께서 우리의 몸과 마음을 쉬게 해주신 날인만큼, 주일에는 그 어느 때보다도 하나님께서 기뻐하시는 예배를 드리기로 결단합시다.

함께하는 기도

하나님 아버지, 우리가 주님께서 주시는 안식을 누리기 원합니다. 우리의 예배가 하나님을 만나 하나님께서 주시는 평안을 누리는 예배가 될 수 있도록 인도해 주옵소서. 예수님의 이름으로 기도합니다. 아멘.

암송 말씀

네 하나님 여호와(야훼)가 네게 명령한 대로 안식일을 지켜 거룩하게 하라 _신명기 5:12

주기도문

6월 16일

감사_예배

은혜를 기억하라

신앙고백 | 사도신경
찬송 | 292, 300장
본문 말씀 | 신명기 16장 1-3절

> 아빕월을 지켜 네 하나님 여호와께 유월절을 행하라 이는 아빕월에 네 하나님 여호와께서 밤에 너를 애굽에서 인도하여 내셨음이라 여호와께서 자기의 이름을 두시려고 택하신 곳에서 소와 양으로 네 하나님 여호와께 유월절 제사를 드리되 유교병을 그것과 함께 먹지 말고 이레 동안은 무교병 곧 고난의 떡을 그것과 함께 먹으라 이는 네가 애굽 땅에서 급히 나왔음이니 이같이 행하여 네 평생에 항상 네가 애굽 땅에서 나온 날을 기억할 것이니라

　이스라엘의 3대 절기는 '유월절', '오순절', '장막절' 입니다. 유월절은 이스라엘 백성이 애굽에서 430년 동안 종살이하다가 해방된 날입니다. 동시에 이스라엘 백성은 어린양의 피를 좌우 문설주와 인방에 바름으로써 애굽에 닥쳤던 마지막 재앙으로부터 구원받은 것을 기념하는 날이기도 합니다. 그뿐만 아니라 유월절은 후에 예수님의 십자가 사건과 그때 흘린 보혈의 의미와 연결되기 때문에 그리스도인에게 매우 중요한 날 중 하나입니다.

　오순절은 유월절 첫 안식일 다음 날부터 오십 일째 되는 날입니다. 처음 익은 밀의 수확을 하나님께 바치는 날이며, 이후에는 시내 산에서 율법을 받은 것을 기념하여 지키는 날이 되었습니다.

　장막절은 '초막절' 이라고도 합니다. 이스라엘 백성이 40년 동안 광야에서 생활하는 동안 하나님의 은혜와 축복으로 인도된 것을 감사하는 절기입니다.

이스라엘 백성은 이 3대 절기를 지킴으로써 지금까지 자신들을 지켜 주신 하나님의 은혜를 기억하고 감사했습니다. 이것이 바로 예배입니다. 우리는 예배를 통해 늘 하나님께 감사하며 우리의 마음과 정성을 드려야 합니다.

나눔의 시간

내 삶에도 하나님의 은혜를 경험하고 늘 기억하며 감사하는 사건이 있습니까? 있다면 함께 나누는 시간을 가져 봅시다.

결단의 시간

예배는 은혜받으려는 마음보다 먼저 하나님께 감사와 영광을 돌리는 것입니다. 그러므로 우리의 상황이나 형편에 상관없이 드려야 하는 것이 예배입니다. 가정예배를 하나님의 뜻으로 알고 무조건 드리기로 결단합시다.

함께하는 기도

하나님 아버지, 우리 가정을 구원하시고 지켜 주셔서 감사합니다. 우리가 이렇게 예배할 수 있는 모든 것이 주님의 은혜임을 고백합니다. 그 은혜에 감사하며 가정예배를 드릴 수 있는 믿음을 허락해 주옵소서. 예수님의 이름으로 기도합니다. 아멘.

암송 말씀

아빕월을 지켜 네 하나님 여호와(야훼)께 유월절을 행하라 이는 아빕월에 네 하나님 여호와(야훼)께서 밤에 너를 애굽에서 인도하여 내셨음이라 _신명기 16:1

주기도문

6월 17일

창조의 목적

신앙고백 | 사도신경
찬송 | 37, 38장
본문 말씀 | 이사야 43장 5-7절

> 두려워하지 말라 내가 너와 함께 하여 네 자손을 동쪽에서부터 오게 하며 서쪽에서부터 너를 모을 것이며 내가 북쪽에게 이르기를 내놓으라 남쪽에게 이르기를 가두어 두지 말라 내 아들들을 먼 곳에서 이끌며 내 딸들을 땅 끝에서 오게 하며 내 이름으로 불려지는 모든 자 곧 내가 내 영광을 위하여 창조한 자를 오게 하라 그를 내가 지었고 그를 내가 만들었느니라

　성경에는 '찬양하라', '영광 돌리라', '감사하라', '외치라', '송축하라' 등의 표현이 자주 등장합니다. 이는 하나님께서 우리에게 주신 명령입니다. 그리고 이 모든 명령은 '하나님을 예배하라' 는 단 한 문장으로 요약됩니다.
　어떤 사람은 '하나님께 감사하다고 말씀드리면 그만이지 어째서 번거롭게 성경을 읽고 찬양을 하며 예배를 드려야 하나' 라고 생각할 수 있습니다. 예배는 어떻게 보면 형식적인 것처럼 보일 수도 있습니다. 그러나 하나님께서 우리에게 예배하라고 끊임없이 명하신 이유, 우리가 그에 순종하여 매주 교회에서, 그리고 매일 삶과 가정에서 예배드리는 이유는 예배야말로 하나님께서 인간을 창조하신 목적이기 때문입니다.
　어떠한 도구든 그것이 가장 가치 있는 순간은 쓰임에 합당하도록 사용될 때입니다. 마찬가지로 사람도 창조 목적에 합당하게 행할 때 가장 가치가 있습니다. 우리는 하나님을 찬양하고 그분께 영광 돌리는 삶을 살기 위해 지어졌습니다. 각자의 삶을 그럴싸하게 장식하고 만들어가기 위해 태어난 것이 아닙니다. 그러므로 사람은 예배를 통해 하나님을 높이고 그분과 소통할 때 진정한 삶의 가치를 찾을 수 있으며 행복과 만족을 누릴 수 있습니다.

나눔의 시간

가장 행복했던 예배가 있습니까? 그 순간 어떤 감정이 들었는지 함께 나눠 봅시다.

결단의 시간

예배의 자리에 나갈 때 항상 기쁜 마음, 기대하는 마음으로 나갈 것을 결단합시다.

함께하는 기도

하나님 아버지, 우리가 늘 예배할 수 있도록 인도해 주심을 감사합니다. 우리가 예배드리기 위해 태어났다는 창조 목적을 인정하고, 늘 기쁨으로 하나님께 예배하고 영광드리는 삶을 살게 하여 주옵소서. 예수님의 이름으로 기도합니다. 아멘.

암송 말씀

> 내 이름으로 불려지는 모든 자 곧 내가 내 영광을 위하여 창조한 자를 오게 하라 그를 내가 지었고 그를 내가 만들었느니라 _이사야 43:7

주기도문

6월 18일

감사_예배

온전한 번제

신앙고백 | 사도신경
찬송 | 144, 150장
본문 말씀 | 사무엘상 7장 9-10절

> 사무엘이 젖 먹는 어린 양 하나를 가져다가 온전한 번제를 여호와(야훼)께 드리고 이스라엘을 위하여 여호와(야훼)께 부르짖으매 여호와(야훼)께서 응답하셨더라 사무엘이 번제를 드릴 때에 블레셋 사람이 이스라엘과 싸우려고 가까이 오매 그 날에 여호와(야훼)께서 블레셋 사람에게 큰 우레를 발하여 그들을 어지럽게 하시니 그들이 이스라엘 앞에 패한지라

　이스라엘 백성은 출애굽하여 가나안 땅에 들어온 이후로 계속 우상을 숭배하며 죄를 지었습니다. 하나님께서는 선지자를 통해 수차례 경고하시고 또 경고하셨지만, 이스라엘은 그때마다 잠시 마음을 돌릴 뿐 또다시 죄의 길로 빠졌습니다.

　사무엘 선지자는 이스라엘 백성에게 회개를 촉구하며 미스바에서 대 기도 성회를 열었습니다. 이날 이스라엘 백성은 미스바에 모여 금식하고 회개하며 하나님께 엎드렸습니다.

　이를 틈타 블레셋 군사가 쳐들어왔습니다. 당장 전쟁이 일어날 것 같은 일촉즉발의 위기였습니다. 그런데 사무엘은 이러한 상황에서 번제를 드렸습니다. 성경은 이를 '온전한 번제'라고 기록합니다. 번제의 목적은 속죄입니다. 사무엘은 하나님 앞에 나아가기 위해서는 가장 먼저 온전한 번제, 즉 회개가 있어야 한다는 것을 알고 있었습니다. 결국 하나님과의 관계를 완벽하게 회복한 이스라엘은 블레셋을 이기고 평화를 얻을 수 있었습니다.

우리의 예배에도 온전한 회개가 필요합니다. 우리는 하나님과의 관계를 회복하고 그분의 능력을 의지하기 이전에 먼저 회개해야 합니다. 예배의 거룩함을 먼저 회복했을 때 하나님의 구원의 역사를 경험할 수 있습니다.

나눔의 시간

지금 겪고 있는 환경의 어려움, 또는 예배와 기도 생활을 방해하는 것들이 있다면 함께 나눠 봅시다.

결단의 시간

우리의 예배를 살리기 위해 필요한 것, 우리가 버려야 할 우상, 금식하며 회개해야 할 것들이 무엇인지 생각해 보고 하나님 앞에 먼저 회개합시다.

함께하는 기도

하나님 아버지, 우리 가정예배가 거룩함을 회복하여 온전한 예배가 되기를 원합니다. 가정예배를 통해 영적 전쟁에서 날마다 승리하는 힘과 능력을 공급받기 원합니다. 그리하여 우리가 승리하는 삶을 살 수 있도록 인도해 주옵소서. 예수님의 이름으로 기도합니다. 아멘.

암송 말씀

> 사무엘이 젖 먹는 어린 양 하나를 가져다가 온전한 번제를 여호와(야훼)께 드리고 이스라엘을 위하여 여호와(야훼)께 부르짖으매 여호와(야훼)께서 응답하셨더라 _사무엘상 7:9

주기도문

6월 19일

온 마음 다해

신앙고백 | 사도신경
찬송 | 268, 321장
본문 말씀 | 신명기 6장 4-5절

> 이스라엘아 들으라 우리 하나님 여호와(야훼)는 오직 유일한 여호와(야훼)이시니 너는 마음을 다하고 뜻을 다하고 힘을 다하여 네 하나님 여호와(야훼)를 사랑하라

　예수님께서 하루는 성전에서 헌금하는 사람들의 모습을 보셨습니다. 이때 예수님은 부자들의 많은 헌금보다 가난한 과부의 두 렙돈이 더욱 귀하고 크다고 칭찬하셨습니다. 부자들은 자신을 과시하기 위해 재산의 일부를 헌금했지만, 과부는 자신의 전 재산을 아낌없이 하나님 앞에 드렸기 때문이었습니다.

　주님은 '최고'가 아니라 '최선'의 마음을 받으시는 분입니다. 나를 위해 준비한 친구의 선물이 내게 가장 필요한 것이 무엇일지 오랫동안 고민하고 준비된 것이라면 특별한 감동을 줍니다. 마찬가지로 단 몇 시간에 불과할지 모를 그 시간 동안 내가 드릴 수 있는 모든 노력을 다해 준비한 예배는 하나님을 감동시킵니다.

　우리는 어떠한 예배라도 온 힘을 다해 드려야 합니다. 이 시간이 한번 가면 다시 오지 않는다는 마음으로 온 정성을 다해서 간절히 예배할 때 하나님께서는 그 예배를 기쁘게 받으십니다. 기도할 때 역시 간절히 기도해야 하나님께 상달됩니다. 단 5분을 기도하더라도 중언부언하지 말고 하나님의 얼굴을 대면하듯 간절한 마음으로 기도해야 합니다. 또한 말씀을 묵상할 때는 분주한 시간을 피해 하나님께서 지금 나에게 하시고자 하는 말씀을 집중해서 들으려고 노력해야 합니다.

나눔의 시간

우리가 가정예배를 드릴 때 모습을 되돌아봅시다. 하나님께 내 모든 노력과 마음을 다해 예배드리고 있습니까?

결단의 시간

하나님은 마음과 뜻과 힘을 다해 드리는 예배를 원하십니다. 가정예배를 위해 우리가 더욱 힘을 기울여야 하는 부분은 무엇입니까?

함께하는 기도

하나님 아버지, 하나님을 사랑하고 섬기는 일에 온 힘을 다하기 원합니다. 우리의 마음과 뜻과 힘을 다하여 주님을 예배하기 원합니다. 우리의 생명을 다해 주님을 사랑하고 예배할 수 있도록 인도해 주옵소서. 예수님의 이름으로 기도합니다. 아멘.

암송 말씀

> 너는 마음을 다하고 뜻을 다하고 힘을 다하여 네 하나님 여호와(야훼)를 사랑하라
> _신명기 6:5

주기도문

6월 20일

삶 전체를 드리는 예배

신앙고백 | 사도신경
찬송 | 218, 250장
본문 말씀 | 로마서 12장 1-2절

> 그러므로 형제들아 내가 하나님의 모든 자비하심으로 너희를 권하노니 너희 몸을 하나님이 기뻐하시는 거룩한 산 제물로 드리라 이는 너희가 드릴 영적 예배니라 너희는 이 세대를 본받지 말고 오직 마음을 새롭게 함으로 변화를 받아 하나님의 선하시고 기뻐하시고 온전하신 뜻이 무엇인지 분별하도록 하라

　주일 예배를 잘 드리고 받은 은혜에 감사하며 집으로 돌아가던 사람이 주차장을 채 빠져나가기도 전에 같은 교회 성도와 싸움이 붙었다고 합니다. 자신이 나가려던 순간에 상대방 차가 끼어들었다는 것이 이유였습니다. 또 어떤 사람은 회사에만 가면 자신을 괴롭히고 조롱하는 상사가 있어 마음이 항상 불편했는데, 그 사람이 그리스도인이라는 사실을 알고 더 마음이 어려웠다고 합니다. 우리 생활에 이러한 갈등이 끊이지 않고 일어나는 이유는 무엇일까요?

　에이든 토저Aiden Tozer 목사는 그의 저서 『예배인가 쇼인가』에서 "만일 당신이 일주일의 7일 중 하루라도 하나님을 예배하지 않았다면 당신은 일주일에 단 하루도 하나님을 예배하지 않은 것이다"라고 말했습니다. 즉, 우리의 예배는 주일 하루만으로 끝나서는 안 된다는 것입니다. 우리는 우리 삶 전체를 하나님 앞에 예배하는 시간으로 드려야 합니다.

그렇다고 해서 모든 시간을 다 교회에서 보내라는 것은 아닙니다. 우리는 잠자는 것도, 먹고 마시는 것도, 일하고 공부하는 것도 모두 하나님을 위해 해야 합니다. 사람을 만나 이야기를 나누는 순간에도 우리를 통해 예수님의 모습이 드러나야 합니다.

나눔의 시간
나는 주일 예배를 제외하고 일주일에 몇 번이나 하나님을 생각합니까?

결단의 시간
하나님께 예배드린다는 것은 모든 일에 하나님을 먼저 생각하고, 하나님을 위해 일한다는 것입니다. 이 시간 하나님을 위해 내가 할 수 있는 일을 생각해 보고, 이를 실천하는 삶을 살기로 결단합시다.

함께하는 기도
하나님 아버지, 우리가 하나님이 기뻐하시는 거룩한 산 제물 되기를 원합니다. 우리 삶의 모든 영역에서 하나님을 섬기고, 높일 수 있도록 인도해 주옵소서. 이를 위해 성령님의 인도와 충만하심을 경험하는 가정과 믿음의 사람 되기를 원합니다. 예수님의 이름으로 기도합니다. 아멘.

암송 말씀
> 그러므로 형제들아 내가 하나님의 모든 자비하심으로 너희를 권하노니 너희 몸을 하나님이 기뻐하시는 거룩한 산 제물로 드리라 이는 너희가 드릴 영적 예배니라 _로마서 12:1

주기도문

6월 21일

감사_예배

참된 예배자를 찾으시는 하나님

신앙고백 | 사도신경
찬송 | 19, 23장
본문 말씀 | 요한복음 4장 23-24절

> 아버지께 참되게 예배하는 자들은 영과 진리로 예배할 때가 오나니 곧 이 때라 아버지께서는 자기에게 이렇게 예배하는 자들을 찾으시느니라 하나님은 영이시니 예배하는 자가 영과 진리로 예배할지니라

　이 땅에는 참 많은 그리스도인이 있습니다. 그들은 각자의 생각과 뜻대로 하나님께 예배를 드립니다. 예배를 드리는 방법이나 형식도 다양해서 자신에게 맞는 공동체를 선택해 예배를 드리기도 합니다.

　그런데도 하나님께서는 이 시대의 참된 예배자를 찾으신다고 말씀하십니다. 과연 하나님께서 이 땅에 예배하는 사람이 부족해 예배자를 찾으신다고 말씀하시는 것일까요? 그렇지 않습니다. 이는 수많은 사람 중에 하나님의 마음에 합한 예배자를 찾으신다는 말씀입니다. 즉, 예배의 본질에 대해서 말씀하신 것입니다. 예배의 본질은 예배드리는 곳이 어디이며 예배를 드리는 사람이 누구인지의 문제가 아닙니다. 그렇기 때문에 목회자나 찬양팀을 따라 교회를 옮기거나, 내 입맛에 맞는 예배를 찾는 것은 옳지 못한 행동입니다.

　참되고 본질에 충실한 예배는 바로 영과 진리로 드리는 예배입니다. 즉, 성령과 말씀 중심의 예배입니다. 우리는 예배를 드리며 성령의 능력을 의지해야 합니다. 그리고 말씀을 마음에 잘 새겨야 합니다. 무엇보다 우리 가운데

거하시는 예수님께 집중하고 감사와 찬양을 올려 드려야 합니다. 하나님께서는 이러한 예배를 기뻐하시며 이렇게 예배드리는 사람을 찾으십니다.

나눔의 시간

오늘 예배에 참석하기 전 어떤 마음이었습니까? 솔직하게 나눠 봅시다.

결단의 시간

가정을 변화시키기 원한다면 예배를 드려야 합니다. 예배를 통해 하나님의 나라가 임하기 때문입니다. 오늘 우리 가정예배가 삶에 변화를 일으키는 시간이 되도록 성령과 말씀에 집중하기로 결단합시다.

함께하는 기도

하나님 아버지, 우리의 예배가 하나님께서 기뻐하시는 예배가 되기를 원합니다. 또한 우리 가족이 모두 하나님께서 찾으시는 참된 예배자가 되기를 원합니다. 우리가 예수님께 집중하고 성령의 능력을 의지하며 말씀을 마음에 새길 수 있는 예배자가 되게 하여 주옵소서. 예수님의 이름으로 기도합니다. 아멘.

암송 말씀

> 아버지께 참되게 예배하는 자들은 영과 진리로 예배할 때가 오나니 곧 이 때라 아버지께서는 자기에게 이렇게 예배하는 자들을 찾으시느니라 _요한복음 4:23

주기도문

6월 22일

하나님의 거룩한 성전

신앙고백 | 사도신경
찬송 | 38, 94장
본문 말씀 | 시편 84편 1-4절

> 만군의 여호와야훼여 주의 장막이 어찌 그리 사랑스러운지요 내 영혼이 여호와야훼의 궁정을 사모하여 쇠약함이여 내 마음과 육체가 살아 계시는 하나님께 부르짖나이다 나의 왕, 나의 하나님, 만군의 여호와야훼여 주의 제단에서 참새도 제 집을 얻고 제비도 새끼 둘 보금자리를 얻었나이다 주의 집에 사는 자들은 복이 있나니 그들이 항상 주를 찬송하리이다(셀라)

이스라엘 백성의 성전 사랑은 남달랐습니다. 이들은 예루살렘과 멀리 떨어져 있어도 성전을 향해 엎드려 기도했으며, 각지에 흩어져 생활하면서도 절기가 되면 모두 예루살렘 성전으로 모여 예배를 드렸습니다. 이들이 성전을 이토록 사랑하고 아꼈던 이유는, 성전은 곧 하나님께서 임재하시는 곳이었기 때문입니다. 예루살렘 성전은 하나님의 은혜와 축복이 쏟아지고 모든 죄와 질병으로부터 자유해지는 곳이었습니다. 그렇기 때문에 이스라엘 백성은 하나님을 그리워하고 사랑하는 마음으로 날마다 성전을 사모했습니다.

이제 하나님은 예루살렘 성전에만 계시지 않습니다. 예배드리는 모든 성도의 마음에 거하십니다. 우리가 하나님 앞에 진정으로 예배드리고 있다면 우리는 곧 하나님의 성전이 됩니다. 하나님께서 진정한 예배자를 찾으시는 이유도 여기 있습니다. 바로 그 한 사람에게 임하셔서 그를 통해 이 땅을 변화시키시고 하나님 나라에 더 가까이 다가가게 하시기 위함입니다.

우리는 하나님의 성전인 내 몸을 거룩하게 지키고, 더불어 내 옆 성도를 귀하게 여기며 서로 사랑해야 합니다. 이것이 참된 예배자가 지켜야 할 덕목입니다. 그리하여 하나님께서 내 안에 충만히 임재하셔서 나를 통해 일하실 수 있도록 해야 합니다.

나눔의 시간

우리 가족이 하나님의 거룩한 성전이라는 것을 인정하고, 서로 칭찬하며 격려해 주는 시간을 가져 봅시다.

결단의 시간

나는 곧 하나님의 거룩한 성전이라는 것을 기억하며, 죄에서 벗어나 하나님의 말씀으로 채워 나가는 삶을 살기로 결단합시다.

함께하는 기도

하나님 아버지, 우리가 하나님의 임재를 사모하기 원합니다. 이를 위해 우리 안에 예배를 더욱 사모하는 마음을 주시고, 은혜와 복을 충만하게 누릴 수 있도록 인도해 주옵소서. 예수님의 이름으로 기도합니다. 아멘.

암송 말씀

주의 집에 사는 자들은 복이 있나니 그들이 항상 주를 찬송하리이다(셀라) _시편 84:4

주기도문

감사_예배

6월 23일

좋은 땅에 뿌려진 씨앗

신앙고백 | 사도신경
찬송 | 410, 411장
본문 말씀 | 마태복음 13장 19-23절

> 아무나 천국 말씀을 듣고 깨닫지 못할 때는 악한 자가 와서 그 마음에 뿌려진 것을 빼앗나니 이는 곧 길 가에 뿌려진 자요 돌밭에 뿌려졌다는 것은 말씀을 듣고 즉시 기쁨으로 받되 그 속에 뿌리가 없어 잠시 견디다가 말씀으로 말미암아 환난이나 박해가 일어날 때에는 곧 넘어지는 자요 가시떨기에 뿌려졌다는 것은 말씀을 들으나 세상의 염려와 재물의 유혹에 말씀이 막혀 결실하지 못하는 자요 좋은 땅에 뿌려졌다는 것은 말씀을 듣고 깨닫는 자니 결실하여 어떤 것은 백 배, 어떤 것은 육십 배, 어떤 것은 삼십 배가 되느니라 하시더라

예배가 끝나면 어떤 성도는 '예배가 지루했다'거나, '말씀이 기억에 남지 않는다'고 말합니다. 물론 '은혜받았다'고 말하는 성도도 있습니다. 같은 말씀을 들었는데 이렇게 서로 다른 반응을 보이는 이유는 무엇일까요?

예수님께서는 이에 대해 씨 뿌리는 자의 비유를 들어 설명해 주셨습니다. 씨앗은 말씀을 뜻하며, 땅은 우리의 마음 상태를 의미합니다. 딱딱한 길에서 씨앗이 뿌리를 내릴 수 없듯, '길 가의 마음'은 하나님의 말씀에 마음이 닫혀 있어 말씀이 그 안으로 들어갈 수 없습니다. '돌밭의 마음'은 잠시 뿌리를 내리던 씨앗이 흙 아래 돌에 부딪혀 시들어 버리는 것처럼 말씀이 성장할 수 없습니다. '가시떨기의 마음'은 잡초 때문에 정작 씨앗이 열매 맺지 못하는 것처럼, 자기 안에 수많은 번뇌로 말씀을 있는 그대로 받아들이지 못합니다.

반면 '좋은 땅의 마음'은 열린 마음을 뜻합니다. 이러한 마음의 사람은 말씀을 있는 그대로 수용하고, 교회와 목회자를 위해 기도하며, 하나님을 전적으로 신뢰합니다. 우리는 이러한 마음 밭을 준비해 예배의 자리에 나와야 할 것입니다.

나눔의 시간

지금까지 들었던 설교 말씀 중, 내 삶을 변화시킬 정도로 기억에 남는 설교가 있습니까?

결단의 시간

하나님의 말씀은 우리의 삶을 변화시키는 힘이 있습니다. 말씀을 듣기 전에 마음 문을 열고 긍정적인 자세로 좋은 마음 밭을 일궈 예배드리기를 결단합시다.

함께하는 기도

하나님 아버지, 우리의 마음 밭이 좋은 땅이 되기 원합니다. 그래서 말씀을 들을 때마다 그 말씀이 튼튼히 뿌리 내리고 성장하여 귀한 열매를 맺을 수 있도록 인도하여 주옵소서. 예수님의 이름으로 기도합니다. 아멘.

암송 말씀

좋은 땅에 뿌려졌다는 것은 말씀을 듣고 깨닫는 자니 결실하여 어떤 것은 백 배, 어떤 것은 육십 배, 어떤 것은 삼십 배가 되느니라 하시더라 _마태복음 13:23

주기도문

6월 24일

하나님을 찬양하라

신앙고백 | 사도신경
찬송 | 31, 35장
본문 말씀 | 시편 150편 1-6절

> 할렐루야 그의 성소에서 하나님을 찬양하며 그의 권능의 궁창에서 그를 찬양할지어다 그의 능하신 행동을 찬양하며 그의 지극히 위대하심을 따라 찬양할지어다 나팔 소리로 찬양하며 비파와 수금으로 찬양할지어다 소고 치며 춤 추어 찬양하며 현악과 퉁소로 찬양할지어다 큰 소리 나는 제금으로 찬양하며 높은 소리 나는 제금으로 찬양할지어다 호흡이 있는 자마다 여호와야훼를 찬양할지어다 할렐루야

다윗은 뛰어난 하나님의 예배자였습니다. 그의 주특기는 하나님을 찬미하는 시를 짓고 곡을 붙여 찬양하는 것이었습니다. 그가 찬양할 때 하나님께서 누구보다 기뻐하셨고, 성령님께서 충만히 임재하셔서 악귀에 시달리던 사울의 병이 낫기도 했습니다.

시편 150편은 그런 그가 어떻게 하나님을 찬양했는지를 잘 보여 줍니다. 다윗은 그야말로 이 땅에 있는 모든 악기로 하나님을 찬양했습니다. 그리고 그는 어느 곳에 있든지 온몸과 온 마음을 다해 찬양했습니다. 세상에 그 무엇도 찬양할 수 없는 것이 없었습니다. 하나님은 그러한 예배자의 찬양을 기뻐하십니다.

찬양은 창조주를 향한 피조물의 자연스러운 반응입니다. 우리는 찬양을 하며 자연스럽게 하나님의 위대하심과 그분의 승리를 선포하게 됩니다. 또한 하나님만이 이 땅의 주인이시요, 영광 받으시기에 합당한 분임을 인정하게 됩니다. 찬양은 곧 우리의 호흡이 되어야 합니다. 그럴 때에 우리 삶이 변화되고 기쁨이 넘치게 됩니다.

나눔의 시간

우리는 무엇으로 하나님을 더욱 찬양할 수 있을까요? 지금까지와는 다른 방법, 나만의 방법을 고민해 보고 함께 나눠 봅시다.

결단의 시간

우리가 하는 어떠한 동작이나 읊조림도 하나님을 그리워하며 그분의 이름을 높여 드리는 것이라면 예배가 될 수 있습니다. 항상 주님을 예배하는 예배자로 살아가기를 결단합시다.

함께하는 기도

하나님 아버지, 하나님께서 우리에게 주신 모든 재능을 통해 하나님을 찬양합니다. 우리의 찬양과 우리의 예배를 귀하게 받아 주시옵소서. 예수님의 이름으로 기도합니다. 아멘.

암송 말씀

호흡이 있는 자마다 여호와(야훼)를 찬양할지어다 할렐루야 _시편 150:6

주기도문

6월 25일

모이기에 힘쓰라

신앙고백 | 사도신경
찬송 | 191, 197장
본문 말씀 | 사도행전 2장 1-4절

> 오순절 날이 이미 이르매 그들이 다같이 한 곳에 모였더니 홀연히 하늘로부터 급하고 강한 바람 같은 소리가 있어 그들이 앉은 온 집에 가득하며 마치 불의 혀처럼 갈라지는 것들이 그들에게 보여 각 사람 위에 하나씩 임하여 있더니 그들이 다 성령의 충만함을 받고 성령이 말하게 하심을 따라 다른 언어들로 말하기를 시작하니라

　예수님께서 승천하신 후에 제자들은 예수님의 말씀에 순종하여 예루살렘에 모였습니다. 이들이 함께 모여 합심으로 기도하고 예배드릴 때 성령의 강한 임재가 있어 각 사람이 방언을 말하고 교회가 부흥하는 기적이 일어났습니다.

　이처럼 우리가 한자리에 모여 기도하고 예배드릴 때 하나님의 놀라운 은혜가 임합니다. 그렇기 때문에 사탄은 우리가 모이지 못하게 방해하고 속입니다. 교회에 나와 예배드리지 못하도록, 구역예배나 가정예배로 모이지 못하도록, 기도회에 가지 못하도록 방해합니다. 여러 가지 이유와 구실을 대며 모이는 일에 힘쓰지 못하게 합니다. 사탄은 마지막 때가 다가올수록 우리를 모이지 못하게 하여 교회를 무너트리려는 전략을 세웁니다.

　그렇기 때문에 우리는 더욱더 모이기에 힘써야 합니다. 성경은 분명히 "모이기를 폐하는 어떤 사람들의 습관과 같이 하지 말고 오직 권하여 그 날이 가까움을 볼수록 더욱 그리하자" 히 10:25 고 말씀합니다. 우리는 상황이 어떠하든지, 기분이 어떠하든지 상관없이 더 열심히 모여야 합니다. 모일 때 우리 가정에 은혜가 임하고 축복이 임합니다.

나눔의 시간

혹시 우리 가정예배를 방해하는 일이 있습니까? 그 환경의 방해 앞에서 어떤 노력을 하는지 서로 나눠 봅시다.

결단의 시간

한 자리에 모여 예배드린다는 것, 특히 가정예배를 꾸준히 드린다는 것은 사탄이 가장 싫어하는 일인 만큼 환경적, 내적 공격도 강합니다. 우리 삶을 승리로 이끄는 예배가 될 수 있도록 담대하게 나아가기로 결단합시다.

함께하는 기도

하나님 아버지, 주님을 위해 모이기를 힘쓰는 가정이 되기 원합니다. 감동과 기대가 있는 예배가 될 수 있도록 인도해 주시고, 하나님의 복과 은혜가 넘치는 가정이 될 수 있도록 하여 주옵소서. 예수님의 이름으로 기도합니다. 아멘.

암송 말씀

오순절 날이 이미 이르매 그들이 다같이 한 곳에 모였더니 홀연히 하늘로부터 급하고 강한 바람 같은 소리가 있어 그들이 앉은 온 집에 가득하며 _사도행전 2:1-2

주기도문

6월 26일

하나님께서 기뻐하시는 예배

신앙고백 | 사도신경
찬송 | 284, 301장
본문 말씀 | 창세기 4장 3-5절

> 세월이 지난 후에 가인은 땅의 소산으로 제물을 삼아 여호와_{야훼}께 드렸고 아벨은 자기도 양의 첫 새끼와 그 기름으로 드렸더니 여호와_{야훼}께서 아벨과 그의 제물은 받으셨으나 가인과 그의 제물은 받지 아니하신지라 가인이 몹시 분하여 안색이 변하니

　창세기 4장에서 가인과 아벨이 하나님께 제사를 드립니다. 이들의 제사는 겉으로 보기에 큰 차이가 없어 보입니다. 가인은 농사하는 자였기 때문에 땅의 소산으로 하나님께 드렸고, 아벨은 양을 치는 자였기 때문에 양의 첫 새끼와 그 기름으로 하나님께 예배를 드렸습니다. 그런데 이상하게도 하나님께서는 가인과 그의 제물_{참고 창 4:4}은 받지 않으시고 아벨의 것만 기쁘게 받으셨습니다. 화가 단단히 난 가인은 자신의 친동생 아벨을 죽이고 말았습니다.

　어쩌면 가인은 자신의 의로움으로 하나님 앞에 섰을지도 모릅니다. 가인이 전적으로 하나님을 의지하고 감사하는 마음으로 제물을 드렸다면, 이러한 상황에서 '하나님께서 왜 내 제물은 받지 않으셨을까?' 하고 다시 한 번 생각해 봤을 것입니다. 그러나 가인은 불같이 화를 냈습니다. 그는 아마도 '내가 기껏 준비한 제물은 받지도 않으시고 아벨의 것만 기뻐하시다니…… 내가 얼마나 힘들게 준비했는데!' 하며 분노했을 것입니다.

　예배의 자리에 나오는 우리의 모습은 어떻습니까? '기껏 봉사를 해도 알아 주는 사람이 하나도 없네!', '나는 헌금도 많이 내는데 교회는 나한테 아무것도 해주지 않는군!' 하고 불평하지는 않습니까? 우리는 하나님께서 기뻐하시는 예배를 드려야 합니다. 예배를 드리는데 내 의가 드러나거나 욕심이 앞서면 안 됩니다. 오직 하나님께 집중하고 나의 가장 아름다운 마음으로 하나님 앞에 나가야 합니다.

나눔의 시간
교회에서 봉사하고 헌신했지만 상처받았던 경험이 있습니까?

결단의 시간
예배는 내가 잘나서가 아니라 하나님께서 먼저 나를 택하시고 부르셨기 때문에 드릴 수 있는 것입니다. 항상 겸손함과 감사함으로 하나님 앞에 나오기로 결단합시다.

함께하는 기도
하나님 아버지, 우리 안에 하나님을 사랑하고 하나님께 감사하는 마음보다 더 앞서는 교만함을 용서해 주옵소서. 우리의 예배가 하나님께서 기뻐하시는 예배가 되기를 원합니다. 그러한 예배를 드릴 수 있도록 우리 마음을 다스려 주옵소서. 예수님의 이름으로 기도합니다. 아멘.

암송 말씀
가인과 그의 제물은 받지 아니하신지라 가인이 몹시 분하여 안색이 변하니 _창세기 4:5

주기도문

6월 27일

감사_ 예배

우리가 예배할 때

신앙고백 | 사도신경
찬송 | 364, 369장
본문 말씀 | 사도행전 16장 25-26절

> 한밤중에 바울과 실라가 기도하고 하나님을 찬송하매 죄수들이 듣더라 이에 갑자기 큰 지진이 나서 옥터가 움직이고 문이 곧 다 열리며 모든 사람의 매인 것이 다 벗어진지라

바울과 실라가 빌립보에 복음을 전하러 갔다가 억울하게 누명을 쓰고 매를 맞고 감옥에 갇혔습니다. 그러나 이러한 순간에도 그들은 자신들이 처한 상황을 원망하지 않고 오히려 하나님께 기도하며 찬송했습니다. 즉 고통 속에서도 하나님께 예배를 드린 것입니다. 그러자 놀라운 일이 일어났습니다. 갑자기 지진이 일어나면서 감옥 문이 열리고 바울과 실라를 묶고 있던 것이 풀어졌습니다.

이것이 바로 예배의 능력입니다. 우리가 예배드릴 때 우리의 삶을 억누르는 환경의 저주는 무너지고, 매인 것은 풀어지며, 귀신이 쫓겨 나갑니다. 비록 우리 눈에는 보이지 않는 것 같지만 결국엔 우리의 삶을 승리로 이끌어 줍니다. 모든 영적인 전쟁에서 승리하게 되는 것입니다.

그뿐만 아니라 우리가 예배드릴 때 하나님께서는 우리에게 독수리가 날개 쳐 올라가는 것과 같은 힘과 능력을 부어 주십니다. 우리는 하나님께서 부어 주시는 새 힘으로 그 어떤 절망에서도 벗어날 수 있으며, 세상을 이기신 예수님의 권세와 권위를 누릴 수 있게 됩니다.

그러므로 우리는 주님께서 주시는 새 힘과 능력을 기대하며 예배의 자리에 나아가야 합니다. 예배를 드림으로 하나님의 은혜를 공급받아야 합니다.

나눔의 시간
최근 주님의 위로와 은혜를 경험한 적이 있습니까? 그 은혜를 기억하고 감사하며 함께 나눠 봅시다.

결단의 시간
예배를 통해서 하나님의 은혜와 새 힘을 공급받고 있습니까? 예배를 통해 하나님을 앙망하고 있습니까? 온 마음과 정성을 다한 예배를 드리기로 결단합시다.

함께하는 기도
하나님 아버지, 주님은 나의 힘이요 반석이십니다. 우리가 아무리 힘들고 어려워도 주님은 우리를 일으키고 새 힘을 주시는 분이십니다. 오늘 우리가 주님을 앙망하는 자녀가 되기 원합니다. 주님이 주시는 힘과 은혜를 경험하도록 역사해 주옵소서. 예수님의 이름으로 기도합니다. 아멘.

암송 말씀
오직 여호와(야훼)를 앙망하는 자는 새 힘을 얻으리니 독수리가 날개치며 올라감 같을 것이요 달음박질하여도 곤비하지 아니하겠고 걸어가도 피곤하지 아니하리로다 _이사야 40:31

주기도문

6월 28일

향기로운 제물

신앙고백 | 사도신경
찬송 | 50, 327장
본문 말씀 | 빌립보서 4장 18-20절

> 내게는 모든 것이 있고 또 풍부한지라 에바브로디도 편에 너희가 준 것을 받으므로 내가 풍족하니 이는 받으실 만한 향기로운 제물이요 하나님을 기쁘시게 한 것이라 나의 하나님이 그리스도 예수 안에서 영광 가운데 그 풍성한 대로 너희 모든 쓸 것을 채우시리라 하나님 곧 우리 아버지께 세세 무궁하도록 영광을 돌릴지어다 아멘

 우리는 헌금을 드리면서 때때로 여러 가지 생각을 합니다. 이 돈이 어디에 쓰일지, 혹여 이렇게 헌금하고 나면 내가 쓸 재정이 부족해지지는 않을지 누구나 한번쯤 고민해 봤을 것입니다. 그러나 사도 바울은 빌립보 교회 성도들이 보낸 헌금을 받고 "하나님을 기쁘시게 한 것"이라고 말하면서 "너희들이 나의 필요를 채웠으니 이제 하나님께서 너희의 필요를 채우실 것이다. 하나님께서는 너희의 모든 것을 풍성하게 채우실 것이다"라고 말하며 그들을 축복했습니다.

 우리가 헌금할 때는 사람을 위해 한다는 생각을 버려야 합니다. 다만 감사하고 기쁜 마음으로 드려야 합니다. 재정의 들어오고 나감은 모두 하나님께서 주관하십니다. 우리가 하나님께 기쁨으로 드릴 때 하나님께서는 우리를 풍성하게 채워 주십니다. 하나님께서는 복음을 위해 자신의 것을 자원하여 드리는 성도들을 결코 외면하지 않으십니다. 하나님께서는 그러한 자들을 귀히 보시고 그들의 필요를 넘치게 채워 주십니다.

나눔의 시간
우리의 헌신에 비해서 측량할 수 없는 더 큰 은혜를 받은 적이 있습니까? 그 은혜를 서로 나눠 봅시다.

결단의 시간
주님의 은혜에 감사하며 기쁨으로 예물을 드리기로 작정합시다. 특별히 가정예배 헌금을 통해 어려운 이웃을 돕기로 결단합시다.

함께하는 기도
하나님 아버지, 우리의 예물이 주님 앞에 향기롭게 올려지기를 원합니다. 주님의 나라를 위해 우리의 물질이 사용되기를 원합니다. 또한 이를 통해 더 풍성하게 채우시는 주님의 은혜를 기대합니다. 예수님의 이름으로 기도합니다. 아멘.

암송 말씀
내게는 모든 것이 있고 또 풍부한지라 에바브로디도 편에 너희가 준 것을 받으므로 내가 풍족하니 이는 받으실 만한 향기로운 제물이요 하나님을 기쁘시게 한 것이라
_빌립보서 4:18

주기도문

6월 29일

하나님을 위해

신앙고백 | 사도신경
찬송 | 324, 325장
본문 말씀 | 역대상 17장 1-4절

> 다윗이 그의 궁전에 거주할 때에 다윗이 선지자 나단에게 이르되 나는 백향목 궁에 거주하거늘 여호와의 언약궤는 휘장 아래에 있도다 나단이 다윗에게 아뢰되 하나님이 왕과 함께 계시니 마음에 있는 바를 모두 행하소서 그 밤에 하나님의 말씀이 나단에게 임하여 이르시되 가서 내 종 다윗에게 말하기를 여호와의 말씀이 너는 내가 거할 집을 건축하지 말라

　다윗은 하나님의 은혜로 어느 정도 삶에 안정을 찾으면서 하나님의 성전을 지으려고 계획했습니다. 하나님의 언약궤는 휘장 가운데 둔 채 자신만 백향목 궁에 살고 있는 것이 죄송했던 것입니다. 그는 하나님의 위엄에 어울리는 멋진 성전을 지어 자신의 삶에 은혜를 베풀어 주신 하나님께 영광 돌리고 싶었습니다.

　그러나 애석하게도 하나님께서는 이를 거절하셨습니다. 하나님은 집에 계신 분이 아니고, 이 장막과 저 장막, 이 성막과 저 성막에 계시는 분이기 때문에(대상 17:5) 성전은 필요치 않다는 것이었습니다. 그러나 하나님께서는 자신의 온 힘을 다해 하나님께 드리려고 했던 다윗의 진심어린 마음을 기쁘게 받으셨습니다. 하나님께서는 그런 다윗에게 "네 생명의 연한이 차서 네가 조상들에게로 돌아가면 내가 네 뒤에 네 씨 곧 네 아들 중 하나를 세우고 그 나라를 견고하게 하리니"(대상 17:11)라고 하시며, 다윗은 물론 그의 자손에게까지 복을 주시겠다고 약속하셨습니다.

하나님께서는 우리의 진심 어린 마음을 보십니다. 설령 그것이 하나님의 뜻과 합하지 않더라도 우리 마음에 하나님을 향한 진정한 사랑과 갈망이 있다면 하나님께서는 그 마음을 기뻐하시고, 하나님의 뜻을 우리에게 나타내십니다.

나눔의 시간

내가 하나님께 드릴 수 있는 것은 무엇이 있을까요? 함께 나눠 보고, 그것이 정말로 내가 드릴 수 있는 최선의 것인지 점검해 봅시다.

결단의 시간

신앙의 성숙은 복을 받기만 하는 믿음에서 벗어나 내가 먼저 하나님께 진심어린 사랑을 드리고자 하는 마음에서부터 시작합니다. 이제 한 단계 성숙한 신앙의 자세로 하나님께 나아가기로 결단합시다.

함께하는 기도

하나님 아버지, 지금까지 우리 가정과 가족을 지키시고 보살펴 주셔서 감사합니다. 우리 한 사람 한 사람이 하나님의 영광을 위해 먼저 진심을 담아 행할 수 있는 성숙한 그리스도인이 되기 원합니다. 예수님의 이름으로 기도합니다. 아멘.

암송 말씀

> 다윗이 그의 궁전에 거주할 때에 다윗이 선지자 나단에게 이르되 나는 백향목 궁에 거주하거늘 여호와(야웨)의 언약궤는 휘장 아래에 있도다 _역대상 17:1

주기도문

6월 30일

우리의 신앙고백

신앙고백 | 사도신경
찬송 | 86, 94장
본문 말씀 | 마태복음 16장 15-19절

> 이르시되 너희는 나를 누구라 하느냐 시몬 베드로가 대답하여 이르되 주는 그리스도시요 살아 계신 하나님의 아들이시니이다 예수께서 대답하여 이르시되 바요나 시몬아 네가 복이 있도다 이를 네게 알게 한 이는 혈육이 아니요 하늘에 계신 내 아버지시니라 또 내가 네게 이르노니 너는 베드로라 내가 이 반석 위에 내 교회를 세우리니 음부의 권세가 이기지 못하리라 내가 천국 열쇠를 네게 주리니 네가 땅에서 무엇이든지 매면 하늘에서도 매일 것이요 네가 땅에서 무엇이든지 풀면 하늘에서도 풀리리라 하시고

예배는 하나님을 하나님으로 인정하는 것입니다. 우리는 예배드리며 하나님의 은혜와 능력를 인정하고 하나님께 영광을 돌립니다. 그런 예배의 자리에서 빠지지 말아야 할 것이 있습니다. 바로 예배자의 진정한 신앙고백입니다.

본문에서 베드로는 인류 역사상 가장 위대한 신앙고백을 합니다. "주는 그리스도시요 살아 계신 하나님의 아들이시니이다" 이 말씀은 예수님을 구세주로 인정하고, 예수님의 주권을 인정하는 고백입니다. 이러한 베드로의 믿음의 고백을 들은 예수님께서는 그에게 천국 열쇠를 주시겠다고 약속하셨습니다. 열쇠는 주권을 의미합니다. 즉 천국 열쇠가 주어졌다는 것은 천국의 소유권을 갖게 되었다는 것입니다. 영적 복의 권한을 받은 것입니다.

이처럼 하나님의 주권을 인정하는 신앙고백 위에 하나님께서는 은혜와 기적을 베푸십니다. 우리는 예배를 통해 하나님을 인정하고 찬양하며 우리의 신앙을 고백해야 합니다. 하나님께서는 이렇게 예배드리는 사람의 영과 혼과 육에 복을 넘치게 부어 주십니다.

나눔의 시간

나에게는 어떠한 신앙고백이 있습니까? 나에게 하나님은 어떤 분이시고, 또 어떻게 그분을 찬양하고 있는지 함께 나눠 봅시다.

결단의 시간

하나님을 인정하는 것이 예배입니다. 늘 내 안에 찬양과 감사가 흘러넘쳐 하나님께 자신의 신앙을 고백하는 삶을 살기로 결단합시다.

함께하는 기도

하나님 아버지, 좋으신 주님께서 늘 우리와 함께 하시고 인도해 주심을 믿습니다. 이 시간 하나님에 대한 우리의 신앙을 고백하며, 주님이 주시는 천국 열쇠를 소유하는 예배자가 되도록 인도해 주옵소서. 예수님의 이름으로 기도합니다. 아멘.

암송 말씀

시몬 베드로가 대답하여 이르되 주는 그리스도시요 살아 계신 하나님의 아들이시니이다
_마태복음 16:16

주기도문

Memo.

물 댄 동산

물댄 동산
가정예배서

초판 1쇄 발행 | 2014년 3월 14일
3쇄 발행 | 2021년 5월 14일

지은이 | 이영훈

편집인 | 김영석
편집장 | 노인영
기획 및 편집 | 김태희 · 김수현 · 이초롱

펴낸곳 | 교회성장연구소
등록번호 | 제12-177호
주소 | 서울특별시 영등포구 여의공원로101 CCMM빌딩 703B호
전화 | 02-2036-7922
팩스 | 02-2036-7910
홈페이지 | www.pastor21.net
쇼핑몰 | www.icgbooks.net

ISBN 978-89-8304-227-9
ISBN 978-89-8304-226-2 04230

*값은 뒤표지에 있습니다.
*잘못된 책은 구입하신 서점에서 교환해드립니다.
*이 책 내용의 일부를 사용하려면 저작권자와 교회성장연구소 양측의 서면동의를 받아야 합니다.

"무슨 일을 하든지 마음을 다하여 주께 하듯 하라" (골 3:23)

교회성장연구소는 한국 모든 교회가 건강한 교회성장을 이루어 하나님 나라에 영광을 돌리는 일꾼으로 성장하는 것을 목표로, 목회자의 사역은 물론 성도들의 영적 성장을 도울 수 있는 필독서를 출간하고 있다. 주를 섬기는 사명감을 바탕으로 모든 사역의 시작과 끝을 기도로 임하며 사람 중심이 아닌 하나님 중심으로 경영한다. "무슨 일을 하든지 마음을 다하여 주께 하듯 하라"는 말씀을 늘 마음에 새겨 하나님께서 주신 사명을 기쁨으로 감당한다.